Jane Austen

Jane Austen

Tradução
Fábio Meneses Santos

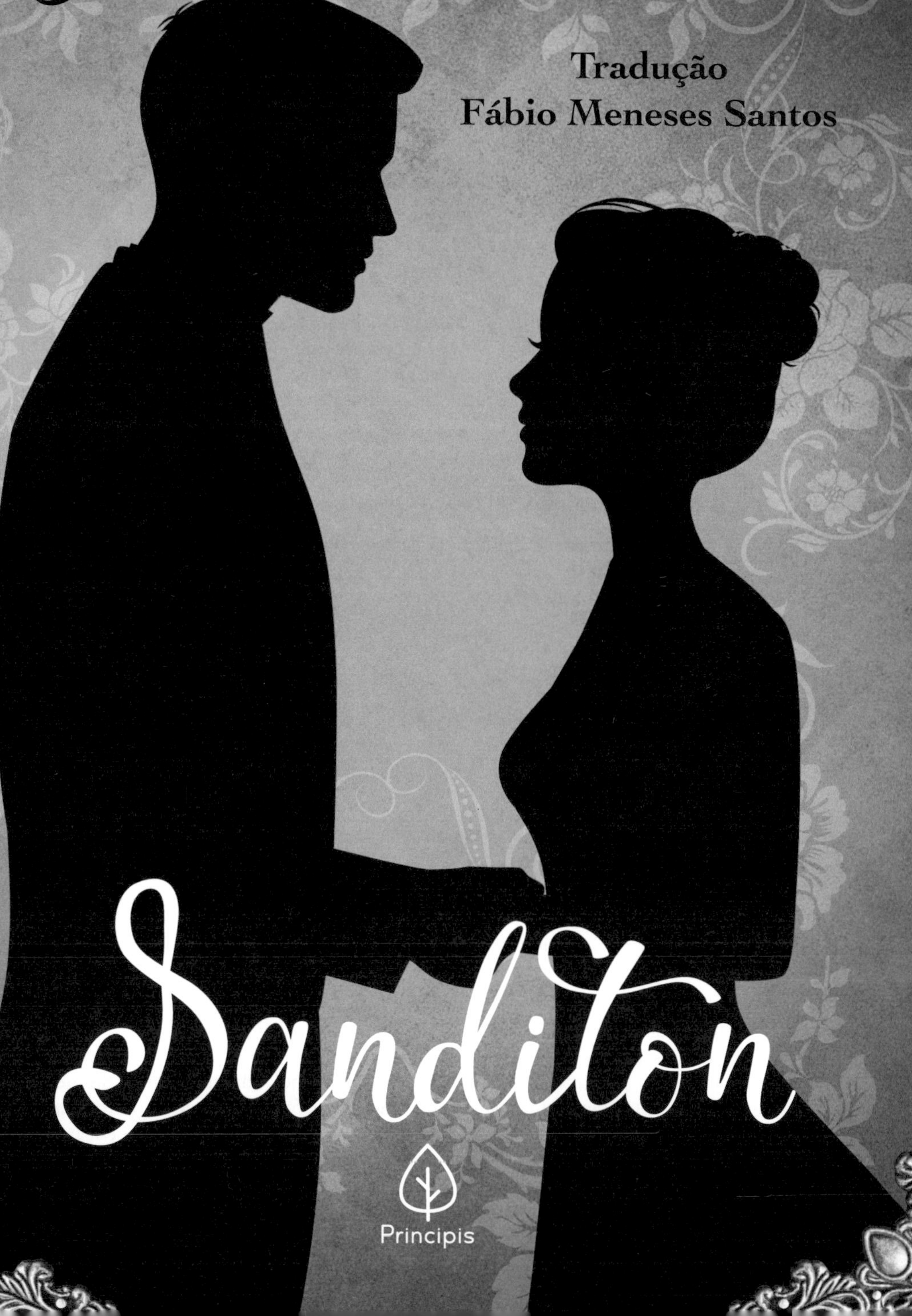

Sanditon

Principis

Esta é uma publicação Principis, selo exclusivo da Ciranda Cultural

Traduzido do original em inglês
Sanditon

Texto
Jane Austen

Tradução
Fábio Meneses Santos

Preparação
Fernanda R. Braga Simon

Revisão
Agnaldo Alves

Produção editorial
Ciranda Cultural

Diagramação
Linea Editora

Design de capa
Ciranda Cultural

Imagens
Apostrophe/Shutterstock.com;
Flower design sketch gallery/Shutterstock.com;
Apostrophe/Shutterstock.com;
Yurchenko Yulia/Shutterstock.com;
Pavlo S/Shutterstock.com

Dados Internacionais de Catalogação na Publicação (CIP) de acordo com ISBD

A933s Austen, Jane

Sanditon / Jane Austen ; traduzido por Fábio Meneses Santos. - Jandira : Principis, 2021.
128 p. ; 15,5cm x 22,6cm. - (Clássicos da literatura mundial)

Tradução de: Sanditon
ISBN: 978-65-5552-492-5

1. Literatura inglesa. 2. Romance. I. Santos Meneses, Fábio. II. Título. III. Série.

2021-1503 CDD 823
CDU 821.111-31

Elaborado por Vagner Rodolfo da Silva - CRB-8/9410

Índice para catálogo sistemático:
1. Literatura inglesa : Romance 823
2. Literatura inglesa : Romance 821.111-31

1ª edição em 2021
www.cirandacultural.com.br

Capítulo 1

Um cavalheiro e uma senhora viajando de Tunbridge para aquela parte da Costa de Sussex, que fica entre Hastings e Eastbourne, induzidos por assuntos de negócios a sair da estrada principal e tentar um caminho muito difícil, tiveram seu veículo tombado na tentativa de vencer uma longa subida, metade rocha, metade areia. O acidente aconteceu logo adiante da casa de um cavalheiro, a única próxima da pista, e onde o condutor do casal, ao ser solicitado a tomar aquela direção, entendeu que era necessariamente aquele o caminho a seguir e, com jeito relutante, foi forçado a passar naquele trecho da estrada. Ele resmungou, sacudiu os ombros, molestou e chicoteou tão duramente seus cavalos que dava até para considerar que tivesse virado a carruagem de propósito (especialmente porque a carruagem não era do seu patrão) se a estrada não tivesse se tornado tão indiscutivelmente pior do que antes assim que passaram em frente à referida casa; deixando-a para trás, expressou com uma fisionomia mais preocupada que, dali em diante, nenhum veículo, a não ser as carroças, poderia prosseguir com segurança.

A severidade do acidente foi atenuada por seu ritmo lento e pela estreiteza da pista; e o cavalheiro conseguiu arrastar-se para fora e ajudar sua companheira a sair da carruagem, e nenhum dos dois, a princípio, sofreu mais do que um grande susto e alguns machucados mais leves. Mas o cavalheiro tinha, durante o resgate, torcido o pé e, ao se tornar consciente disso, foi obrigado rapidamente a interromper as reclamações com o motorista e as comemorações entre ele e a esposa e ir sentar-se à beira da estrada, incapaz de permanecer de pé.

– Há algo errado aqui – disse ele, levando a mão ao tornozelo. – Mas não importa, minha querida – olhando para ela com um sorriso. – Não poderia ter acontecido, você sabe, em um lugar melhor. Deus escreve certo por linhas tortas. A melhor coisa, talvez, a se desejar. Em breve teremos algum socorro. Ali está, imagino, a minha cura – disse isso apontando para a extremidade bonita de uma casa de campo, que estava romanticamente situada entre as árvores, em uma colina mais alta, a uma pequena distância. – Não lhe parece que seja esse o lugar certo?

Sua esposa esperava fervorosamente que fosse, mas ficou parada, apavorada e ansiosa, incapaz de fazer ou sugerir qualquer coisa, e sentindo seu primeiro conforto verdadeiro ao vislumbrar várias pessoas vindo em seu socorro. O acidente foi visto a partir de um campo de feno ao lado da casa por onde haviam passado. E as pessoas que se aproximaram eram homens de boa aparência, vigorosos, cavalheiros de meia-idade, o proprietário do lugar, que por acaso estava entre seus trabalhadores do feno naquela hora, e três ou quatro dos mais capazes deles foram convocados para auxiliar seu mestre, para não falar de todo o resto do campo, homens, mulheres e filhos, que não estavam muito distantes dali.

O senhor Heywood – esse era o nome do referido proprietário – avançou com uma saudação muito civilizada, muito preocupado com o acidente, e com alguma surpresa pelo fato de alguém tentar seguir por aquela estrada em uma carruagem. Fez uma oferta instantânea para ajudar. Sua cortesia foi recebida com boa educação e gratidão, e, enquanto um ou dois dos homens ajudaram o condutor a colocar a carruagem em pé novamente, o viajante disse:

– Você é extremamente prestativo, senhor, e eu o considero por suas palavras gentis. O ferimento na minha perna é, ouso dizer, insignificante. Mas é sempre melhor nesses casos, você sabe, ter a opinião de um médico sem perda de tempo. E, como a estrada não parece estar em estado favorável para eu chegar à sua casa por conta própria, vou agradecer se você puder mandar uma dessas boas pessoas buscar o médico.

– O médico, senhor! – exclamou o senhor Heywood. – Eu temo que você não encontre nenhum disponível por aqui, mas atrevo-me a dizer que passaremos muito bem sem ele.

– Não, senhor. Se não houver nenhum pelo caminho, seu assistente também me servirá bem, talvez melhor que o próprio médico. Prefiro que tragam o assistente. Na verdade, eu preferiria a presença do assistente mesmo. Uma dessas boas pessoas pode encontrá-lo em três minutos, eu garanto. Não preciso perguntar se consigo enxergar a casa – olhando para a casa de campo –, pois, com exceção da sua, não passamos por nenhuma neste lugar que possa ser o lar de algum outro cavalheiro.

O senhor Heywood pareceu muito surpreso e respondeu:

– O quê, senhor? Você espera encontrar um médico naquela cabana? Não temos médico nem assistente na paróquia, eu garanto.

– Com licença, senhor – respondeu o outro. – Lamento parecer contradizê-lo, mas, pela extensão da paróquia ou por algum outro motivo, você pode não estar ciente dos fatos. Espere. Será que eu me enganei de local? Eu não estou em Willingden? Aqui não é Willingden?

– Sim, senhor, certamente é Willingden.

– Então, senhor, posso trazer a prova de que você tem um médico na paróquia, quer você saiba disso, quer não. Aqui, senhor – tirando sua carteira. – Se puder me fazer o favor de lançar seus olhos sobre estes anúncios que eu mesmo recortei do *Morning Post* e do *Kentish Gazette* ainda ontem pela manhã em Londres, acho que você vai se convencer de que não estou falando aleatoriamente. Você encontrará nele um anúncio de dissolução de uma sociedade na área médica em sua própria paróquia, um negócio grande, de caráter inegável e referências respeitáveis, que desejam atuar em estabelecimentos separados. Você verá tudo aqui, senhor – e ofereceu ao outro os dois pequenos recortes retangulares.

– Senhor, mesmo que você fosse me mostrar todos os jornais que são impressos em uma semana ao longo de todo o Reino, não iria me convencer de que há um médico em Willingden – disse o senhor Heywood com um sorriso bem-humorado. – Tendo vivido aqui desde que nasci, desde garoto até homem feito, hoje com cinquenta e sete anos, acho que deveria ter conhecido tal pessoa. Pelo menos posso me aventurar a dizer que ele não tem muitos negócios. Porém, se mais cavalheiros tentassem com maior frequência trafegar por esta pista em carruagens pomposas, poderia não ser má iniciativa para um médico conseguir uma casa para viver no topo daquela colina. Mas, quanto a essa casa, posso assegurar-lhe, senhor, que é de fato, apesar de seu ar bem ajeitado a esta distância, só um cortiço duplo como qualquer outro na paróquia e que meu pastor mora em uma extremidade, e três velhas senhoras, na outra.

Ele pegou os recortes de papel enquanto falava e, depois de examiná-los, acrescentou:

– Eu acredito que posso explicar isso, senhor. Seu erro está no lugar. Existem dois Willingdens neste país. E o seu anúncio se refere ao outro, que é Great Willingden ou Willingden Abbots e fica a catorze quilômetros de distância, do outro lado de Battle, bem no meio da floresta. E nós, senhor – acrescentou, falando com orgulho –, não estamos obviamente na floresta.

– Não no meio do Weald, tenho certeza – respondeu o viajante agradavelmente. – Demoramos meia hora para subir esta colina. Bem, atrevo-me a dizer que o fato é como você diz, e eu cometi um erro abominavelmente estúpido, tudo feito em um momento sem pensar. Os anúncios não chamaram minha atenção até a última meia hora de nossa estada ao chegar à cidade, quando tudo era pressa e confusão, que sempre ocorre quando se faz uma curta estadia por lá. Nunca se é capaz de completar nada a caminho da realização de negócios, você sabe, até que a carruagem chegue à porta no destino. E, consequentemente, eu me satisfiz com uma breve confirmação do endereço e, descobrindo que iríamos realmente passar bem próximos de Willingden, não investiguei mais cuidadosamente... Minha querida – para sua esposa –, eu sinto muito por ter trazido você para este estorvo. Mas não se assuste com o estado da minha perna. Não me causa muitas dores enquanto estou quieto. E, assim que essas pessoas boas conseguirem consertar a carruagem e retornar com os cavalos, a melhor coisa que poderemos fazer é seguir de volta nossos passos na estrada e prosseguir para Hailsham, e de lá para casa, sem tentar nada além. Duas horas nos separam entre Hailsham e nossa casa. E, uma vez em casa, teremos nossa cura à mão, você sabe. Um pouco de nossa brisa marítima revigorante logo me colocará de pé novamente. Pode ter certeza, minha cara, é exatamente um caso para cura pelo mar. O ar salino e a imersão serão a coisa certa a fazer. Minhas sensações já me dizem isso.

Da maneira mais amigável, o senhor Heywood aqui se interpôs, suplicando-lhes que não pensassem em prosseguir até que o tornozelo fosse examinado e alguns lanches servidos, e, muito cordialmente, convenceu-os a fazer uso de sua casa para ambos os propósitos.

– Estamos sempre bem abastecidos – disse ele –, com todos os remédios mais comuns para entorses e contusões. E posso falar do prazer que terão minha esposa e filhas em servi-los em todos os sentidos que estiverem ao alcance delas.

Uma ou duas pontadas, ao tentar mover o pé, fizeram com que o viajante pensasse um pouco mais no que tinha feito no início, antes do benefício da assistência imediata oferecida; e, consultando a esposa em poucas palavras, como "Bem, minha querida, eu acredito que será o melhor para nós", ele se virou novamente para o senhor Heywood e disse:

– Antes de aceitarmos sua hospitalidade, senhor, e para acabar com qualquer impressão desfavorável a que essa situação de caçar castelos no ar em que me encontro possa ter dado origem, permita-me dizer quem somos. Meu nome é Parker, senhor Parker, de Sanditon; esta senhora, minha esposa, senhora Parker. Estamos voltando de Londres para casa. Meu nome talvez, embora eu não seja de forma alguma o primeiro da minha família a deter a propriedade de imóveis na freguesia de Sanditon, pode ser desconhecido a esta distância do litoral. Mas a própria Sanditon, todo mundo já ouviu falar de Sanditon. A escolha favorita para um local de banho, novo e em constante crescimento, certamente o local preferido de todos os que frequentam a costa de Sussex, o mais favorecido pela natureza, e que promete ser o preferido por todos os homens.

– Sim, já ouvi falar de Sanditon – respondeu o senhor Heywood. – A cada cinco anos, ouve-se falar de um lugar novo ou de algum outro inaugurando perto do mar e crescendo com a moda. Como eles conseguem manter pelo menos metade da ocupação, essa é a questão! Onde as pessoas podem ser encontradas com dinheiro e tempo suficientes para frequentá-los? Coisas ruins para o país, que seguramente aumentarão o preço das provisões e tornarão os pobres inúteis, como eu ouso dizer, senhor.

– De jeito nenhum, senhor, de jeito nenhum! – gritou Parker ansiosamente. – Muito pelo contrário, eu lhe asseguro. Uma ideia bastante comum, mas que está errada. Isso pode aplicar-se aos lugares maiores, como Brighton, Worthing ou Eastbourne, mas não a uma pequena aldeia como Sanditon, impedida por seu tamanho de experimentar qualquer um dos males da civilização. Enquanto o crescimento do lugar, os prédios, os viveiros, a demanda por tudo e o resort seguro, com o que há de melhor companhia, atraíram as famílias da classe média, estáveis e privadas, com absoluta gentileza e caráter, que são uma bênção para qualquer cidade, incentivaram a diligência dos mais pobres, disseminando o conforto e as melhorias de todo tipo entre eles. Não, senhor, eu lhe garanto, Sanditon não é um lugar…

– Não pretendo fazer objeções a nenhum lugar em particular – respondeu o senhor Heywood. – Eu só acho que nossa costa está cheia demais desses resorts. Mas não seria melhor tentar levá-lo...

– Nossa costa, cheia demais? – repetiu o indignado senhor Parker. – Nesse ponto talvez possamos não discordar totalmente. Pelo menos são em número suficiente. Nossa costa é abundante o suficiente. Não exige mais nenhum empreendimento. O gosto de todos e as finanças de todos podem ser acomodados. E essas pessoas boas que estão tentando aumentar o número de balneários são, na minha opinião, excessivamente imprudentes e logo devem ser as vítimas dos seus próprios cálculos falaciosos. Um lugar como Sanditon, senhor, posso dizer que era desejado, foi solicitado. A natureza o marcou, privilegiou-o na maioria das características apreciáveis. A mais fina e pura brisa do mar na costa, reconhecida por ser assim, excelente balneabilidade, areia fina e dura, águas profundas a dez metros da costa, sem lama, sem ervas daninhas, sem rochas limosas. Nunca houve um lugar mais palpavelmente projetado pela natureza para a recuperação dos inválidos, o verdadeiro local do qual milhares pareciam precisar! A distância mais conveniente de Londres! Dois quilômetros medidos a menos de distância do que Eastbourne. Apenas pense, senhor, na vantagem de economizar esses dois quilômetros em uma jornada mais longa. Mas Brinshore, senhor, que ouso dizer que você deve ter em mente, as tentativas de duas ou três pessoas especulando sobre Brinshore no ano passado, para enaltecer aquela aldeia mesquinha, localizada entre um pântano estagnado, uma lagoa desolada e a invasão constante de um tipo de algas marinhas em putrefação, só poderia terminar em nada além de uma grande decepção. O que, em nome do bom senso, poderia recomendar Brinshore? Um dos ares mais insalubres, estradas proverbialmente detestáveis, água salobra além do aceitável, impossível conseguir uma boa xícara de chá em um raio de seis quilômetros do local. E, quanto ao solo, é tão frio e ingrato que dificilmente poderia ser usado para produzir sequer um repolho. Pode confiar nisso, senhor, que este é o relato mais fiel sobre Brinshore, nem um pouco exagerado, e, se você já ouviu falar de forma diferente...

– Senhor, nunca ouvi falar assim do lugar na minha vida – disse o senhor Heywood. – Eu nem sabia que existia tal lugar no mundo.

– Você realmente não imaginava! Aí está, minha querida – voltando-se com exultação para a esposa –, você vê como são as coisas. Tanto foi feito para a celebridade de Brinshore! E este cavalheiro nem sabia que existia tal lugar no mundo. Porque, na verdade, senhor, imagino que podemos aplicar a Brinshore aquela frase do poeta Cowper em sua descrição da aldeã religiosa, em oposição a Voltaire: ela nunca ouviu falar de nada a mais de meio quilômetro de distância de sua residência.

– De todo o coração, senhor, aplique quaisquer versículos que desejar. Mas eu quero ver algum cuidado aplicado à sua perna. E tenho certeza, pelo semblante de sua senhora, de que ela é totalmente de opinião igual à minha e considera uma pena perdermos mais tempo aqui. E lá vêm minhas filhas para falar por si e por sua mãe. – Duas ou três jovens mulheres de aparência gentil, seguidas por diversas criadas, podiam agora ser vistas saindo da casa. – Comecei a me perguntar se a agitação não deveria ter chegado até elas. Um evento desse tipo logo põe em agitação um lugar solitário como o nosso. Agora, senhor, vamos ver como podemos melhor transportá-lo para dentro de casa.

As jovens se aproximaram e disseram tudo o que era próprio para referendar as ofertas de seu pai, e de uma maneira muito natural e calculada para deixar os estranhos à vontade. E, como a senhora Parker estava extremamente ansiosa por algum alívio, e o marido a esta altura não estava muito menos disposto a isso, poucos escrúpulos bastavam, especialmente porque a carruagem, agora depois de remontada, apresentou uma ruptura grande no lado tombado, tornando-a imprópria para o seu uso regular.

O senhor Parker foi, portanto, carregado para dentro de casa, e a carruagem foi empurrada para dentro de um celeiro vazio.

Capítulo 2

O encontro, assim estranhamente iniciado, não era nem curto nem sem importância. Por uma quinzena inteira, os viajantes foram hospedados em Willingden, e a entorse do senhor Parker se provou muito severa para que ele pudesse se mover mais cedo. Ele tinha caído em muito boas mãos. Os Heywoods eram uma família totalmente respeitável, e toda a atenção possível lhes foi dada, da maneira mais gentil e despretensiosa, para ambos, marido e mulher. Ele foi servido e cuidado, e ela se alegrou e se sentiu confortada com a bondade incessante. E, como toda atitude de hospitalidade e simpatia foi recebida como deveria, pois não havia mais boa vontade de um lado do que gratidão do outro nem deficiência nos modos, geralmente considerados agradáveis, em qualquer um deles, aprenderam a gostar muito uns dos outros no decorrer daquela quinzena.

O caráter e a história de Parker logo foram revelados. Tudo o que ele sabia sobre si mesmo relatou prontamente, pois era muito sincero; e, onde seu conhecimento o deixava no escuro, sua conversa ainda assim era muito reveladora, como os Heywoods puderam observar. Por isso ele foi percebido como um entusiasta do assunto de Sanditon, um entusiasta completo. Sanditon, o sucesso de Sanditon como um balneário pequeno e moderno, era o objetivo pelo qual ele parecia viver. Poucos anos atrás, tinha sido uma vila tranquila e sem pretensões, mas algumas vantagens naturais em sua localização geográfica e algumas circunstâncias acidentais sugeriram a si mesmo, e ao outro principal proprietário, a probabilidade de ela se tornar um investimento lucrativo, e eles se dedicaram por isso, planejaram e construíram, promoveram e exageraram nos elogios, e a elevaram para uma localização de renome crescente. E o senhor Parker agora conseguia pensar em muito pouco além disso.

Os fatos que, em uma comunicação mais direta, ele apresentou aos anfitriões foram: que ele tinha cerca de trinta e cinco anos, tinha sido casado, um casamento muito feliz, por sete anos, e tinha quatro filhos amáveis em casa; que ele descendia de uma respeitável família de fortuna fácil, embora não muito grande; que não exercia nenhuma profissão e que obtivera sucesso como o filho mais velho com direitos sobre a propriedade que duas ou três gerações tinham mantido e valorizado, acumulando patrimônio antes dele; que ele tinha dois irmãos e duas irmãs, todos solteiros e independentes, e que o mais velho dos dois irmãos, de fato, recebera uma herança colateral, tão bem provida quanto a dele próprio.

Seu objetivo ao abandonar a estrada para procurar um médico por meio do anúncio foi também declarado abertamente. Não tinha procedido com nenhuma intenção de torcer seu tornozelo ou de causar a si mesmo qualquer outra lesão para poder encontrar o tal médico, nem – como o senhor Heywood esteve pronto a achar

– de qualquer projeto de entrar em alguma parceria com ele. Foi apenas consequência de um desejo de estabelecer algum médico em Sanditon, que a natureza do anúncio induziu que ele poderia conseguir realizar em Willingden. Ele estava convencido de que a vantagem de ter um médico disponível promoveria substancialmente o crescimento e a prosperidade do lugar, e de fato poderia produzir um influxo prodigioso, pois nada mais estaria faltando. Ele tinha fortes razões para acreditar que uma família tinha sido dissuadida no ano anterior de experimentar Sanditon por causa disso, e, provavelmente, muitas outras mais. E suas próprias irmãs, que eram doentes e tristes – e ele estava muito ansioso para levá-las para Sanditon neste verão –, dificilmente se atreveriam a arriscar-se em um lugar onde não poderiam ter atendimento médico imediato.

No geral, o senhor Parker era evidentemente um amável homem de família, apaixonado por sua esposa, filhos, irmãos e irmãs, e geralmente de bom coração; liberal, cavalheiresco, fácil de agradar; de uma mentalidade otimista, com mais imaginação do que capacidade de julgamento. E a senhora Parker era evidentemente uma mulher gentil, amável e de temperamento doce, a esposa mais adequada do mundo para um homem de grande poder de compreensão, mas não tinha a capacidade de fornecer reflexões mais ponderadas, das quais seu próprio marido às vezes carecia; era tão inteiramente pronta para ser guiada em todas as ocasiões que, estivesse ele arriscando sua fortuna ou com um tornozelo torcido, ela permanecia igualmente inútil.

Sanditon era uma segunda esposa e mais quatro filhos para ele, dificilmente menos querida, e certamente mais envolvente. Ele poderia falar sobre ela para sempre. Tinha de fato a mais alta consideração; não apenas por ser o seu local de nascimento, de sua propriedade e sua casa; era também a sua mina, sua loteria, seus investimentos e seu cavalo premiado; sua ocupação, suas esperanças e seu futuro. Ele estava extremamente desejoso de atrair seus bons amigos de Willingden para lá; e seus esforços na causa foram tão gratos e desinteressados quanto foram calorosos.

Ele queria garantir a promessa de ao menos uma visita, para conseguir tantos membros da família quantos coubessem em sua própria casa, para acompanhá-los até Sanditon o quanto antes; e, saudáveis como todos eram inegavelmente, previu que cada um deles seria beneficiado pelo mar. Tinha certeza de que nenhuma pessoa poderia estar realmente bem, ninguém (por mais sustentado no momento com a ajuda de exercícios e ânimos, aparentando ter saúde) poderia estar realmente em um estado seguro e permanente de saúde, sem passar pelo menos seis semanas no mar todos os anos. O ar marinho e os banhos de mar combinados eram quase infalíveis, e um ou o outro seria compatível e indicado para todos os distúrbios do estômago, dos pulmões ou do sangue. Eram antiespasmódicos, antipulmonares, antissépticos, antibiliosos e antirreumáticos. Ninguém pegaria sequer um resfriado perto do mar; a ninguém faltaria o apetite, ninguém ficaria desanimado, a ninguém faltariam as forças. O ar marinho era curativo, suavizante, relaxante, fortificante e estimulante, exatamente como necessitávamos, ora de uma coisa, ora de outra. Se a brisa do mar falhasse, o banho de mar seria o corretivo perfeito; e, onde o banho não apresentasse benefícios, a brisa do mar sozinha era evidentemente projetada pela natureza para a cura.

Sua eloquência, porém, não prevaleceu. O senhor e a senhora Heywood nunca saíam de casa. Por terem se casado muito cedo, e tendo uma família numerosa, seus movimentos há muito se limitavam a um pequeno círculo; e eles eram mais velhos em seus hábitos do que na idade. Com exceção de duas viagens ao ano para Londres a fim de receber dividendos, o senhor Heywood não ia além de onde seus pés ou seu velho cavalo pudessem carregá-lo; e as aventuras da senhora Heywood eram apenas visitas esporádicas aos seus vizinhos na velha carruagem, que era nova quando eles se casaram e que fora reformada com a maioridade do filho mais velho, há dez anos. Eles tinham uma propriedade muito bonita; o suficiente, se sua família tivesse limites definidos, para lhes permitir uma vida muito generosa de luxos e conforto; o suficiente para permitir que eles adquirissem uma nova carruagem e rodassem por estradas melhores, aproveitassem ocasionalmente um mês em Tunbridge Wells e, aos primeiros sintomas de gota, os invernos em Bath. Mas a manutenção, a educação e a adequação de catorze filhos exigiam um curso de vida muito regrado, tranquilo e cuidadoso e os obrigava a permanecer fixados e saudáveis em Willingden.

O que a prudência a princípio unira se tornava agradável agora pelo hábito. Eles nunca saíam de casa e tinham orgulho em dizer isso. Mas, muito longe de desejarem que seus filhos fizessem o mesmo, ficavam contentes em promover as suas saídas para o mundo tanto quanto possível. Eles ficavam em casa para que seus filhos pudessem sair; e, ao mesmo tempo em que tornavam aquela casa extremamente confortável, congratulavam-se com cada mudança que pudesse fornecer conexões úteis ou conhecimento respeitável para seus filhos e filhas. Quando o senhor e a senhora Parker, portanto, deixaram de oferecer uma visita a toda a família e limitaram seus convites para levar de volta com eles apenas uma das filhas, nenhuma dificuldade foi apresentada. Era de um prazer geral e total consentimento.

O convite foi para a senhorita Charlotte Heywood, uma jovem mulher muito agradável de vinte e dois anos, a mais velha das filhas da casa e aquela que, sob as instruções de sua mãe, tinha sido particularmente a mais útil e prestativa para os hóspedes; foi quem mais os atendeu e quem os conheceu melhor. Charlotte deveria ir, com saúde excelente, para tomar banhos de mar e ficar melhor, se fosse possível; e para receber todos os prazeres possíveis que Sanditon poderia oferecer, pela gratidão daqueles com quem ela foi; e para comprar novas sombrinhas, novas luvas e novos broches para suas irmãs e para ela mesma na biblioteca, o que o senhor Parker desejava ansiosamente apoiar.

Tudo o que o próprio senhor Heywood foi convencido a prometer era que ele encaminhasse para Sanditon todo mundo que pedisse seu conselho e que nada pudesse induzi-lo (na medida em que o futuro pudesse responder) a gastar nem mesmo cinco xelins em Brinshore.

Capítulo 3

Toda vizinhança deve conhecer uma grande senhora. A grande senhora de Sanditon era Lady Denham; e, em sua jornada de Willingden para a costa, o senhor Parker deu a Charlotte um relato mais detalhado dela do que pudesse ser solicitado. Ela tinha sido mencionada com frequência, necessariamente, em Willingden por ser sua parceira em investimentos na cidade. Não se podia falar nada sobre a própria Sanditon sem que houvesse a introdução sobre Lady Denham. Que ela era uma senhora muito rica, que tinha enterrado dois maridos, que conhecia o valor do dinheiro, que era muito respeitada e que tinha uma prima pobre morando com ela eram fatos já conhecidos; mas alguns detalhes adicionais de sua história e seu caráter serviram para iluminar o tédio de uma longa colina ou um trecho pesado de estrada e para dar à jovem senhorita visitante um conhecimento adequado da pessoa de quem ela poderia agora esperar estar acompanhada diariamente.

Lady Denham tinha sido uma rica senhorita Brereton, nascida para a riqueza, mas não para a educação. Seu primeiro marido tinha sido um senhor Hollis, um homem de consideráveis imóveis na região, dos quais grande parte na freguesia de Sanditon, com palácios e mansões, construídos em separado. Ele era um homem idoso quando ela se casou com ele; sua própria idade era em torno de trinta anos. Os motivos para tal combinação podem ser pouco compreendidos à distância de quarenta anos passados, mas ela tinha cuidado tão bem e agradado tanto ao senhor Hollis que, na ocasião de sua morte, ele deixou tudo para ela, todas as suas propriedades, e tudo à sua disposição.

Após uma viuvez de alguns anos, ela foi convencida a se casar novamente. O falecido Sir Harry Denham, de Denham Park, nos arredores de Sanditon, tinha conseguido mover a mulher e sua grande renda para seus próprios domínios, mas ele não conseguiu sucesso na intenção de enriquecer permanentemente para sua família, fato que lhe era atribuído. Ela tinha sido muito cautelosa colocando qualquer coisa fora de seu próprio poder e, quando ocorreu a morte do senhor Harry, voltou para sua própria casa em Sanditon; diziam que ela, certa vez, fez esta vanglória a um amigo: "que, embora ela não tivesse ganhado nada além de um título daquela família, ela também não tinha dado nada em troca por isso".

Pelo título, era de se supor, ela havia se casado; e o senhor Parker reconhecia que havia certo grau de valor evidente para ele agora, como que para dar à conduta de sua amiga essa explicação natural.

– Há, às vezes – disse ele –, um pouco de presunção nela, mas não é ofensiva, e há momentos, em alguns pontos, em que seu amor pelo dinheiro é levado longe demais. Mas ela é uma mulher de boa índole, uma mulher muito afável, uma vizinha muito prestativa e amigável; uma personalidade alegre, independente e valiosa, e seus defeitos podem ser inteiramente imputados à sua falta de educação. Ela tem bom senso natural, mas muito pouco cultivado. Tem uma mente muito ativa, bem como uma bela compleição saudável para uma mulher de setenta anos, e se dedica ao desenvolvimento de Sanditon com espírito verdadeiramente admirável, embora, de vez em quando, um sinal de pequenez possa aparecer. Ela não consegue olhar para o futuro como eu gostaria que ela pudesse, e se assusta com qualquer despesa insignificante no presente, sem considerar o retorno que ela trará em um ou dois anos. Isto é, pensamos de maneira distinta e, de vez em quando, vemos as coisas de maneira diferente, senhorita Heywood. Aqueles que contam suas próprias histórias, você sabe, devem ser ouvidos com cautela. Quando você nos vir em contato, poderá julgar por si mesma.

Lady Denham era de fato uma grande senhora além das expectativas comuns da sociedade, pois tinha muitos milhares por ano para deixar como herança e três conjuntos distintos de pessoas que a cortejavam por isso: seus próprios parentes, que podiam muito razoavelmente desejar as originais trinta mil libras divididas entre eles; os herdeiros legais do senhor Hollis, que deveriam esperar estar mais em dívida com seu senso de justiça do que ele permitiu que fossem para com o seu próprio; e os membros da família Denham, para quem seu segundo marido esperava fazer um bom negócio. Por todos eles, ou para cada um dos ramos deles, ela sem dúvida deve ter sido e ainda continuava a ser bastante atacada; e, dessas três divisões, o senhor Parker não hesitou em dizer que os parentes do senhor Hollis eram os menos favorecidos, e os de Sir Harry Denham eram os mais. Os primeiros, ele acreditava, haviam causado danos irremediáveis a si mesmos ao expressar ressentimentos muito imprudentes e injustificáveis na época do falecimento do senhor Hollis; os últimos tiveram a vantagem de ser os remanescentes de uma conexão que ela certamente valorizava, de terem sido conhecidos por ela desde a sua infância e de estarem sempre à disposição para preservar seus interesses por meio de sua atenção.

Sir Edward, o atual baronete, sobrinho de Sir Harry, residia constantemente em Denham Park; e o senhor Parker tinha poucas dúvidas de que ele e sua irmã, senhorita Denham, que morava com ele, seriam principalmente lembrados no testamento da viúva. Ele esperava sinceramente. A senhorita Denham tinha uma provisão muito pequena; e seu irmão era um homem pobre para sua posição na sociedade.

– Ele é um amigo caloroso de Sanditon – disse Parker –, e sua mão seria tão liberal quanto seu coração se ele tivesse esse poder. Seria um nobre colaborador! Como estava agora, ele fazia o que podia e estava montando uma pequena casa de campo decorada de bom gosto, em uma faixa de terreno baldio que Lady Denham concedeu a ele, para a qual, eu não tenho dúvida, teremos muitos candidatos para compra, antes mesmo do final desta temporada.

Até o último mês do ano, o senhor Parker considerou que Sir Edward permanecia sem um rival, que ele tinha a chance mais justa de ser bem-sucedido na maior parte de tudo que ela tinha para conceder; mas agora havia o pedido de outra pessoa para ser levado em consideração, o da jovem parente que Lady Denham tinha sido induzida a receber em sua família. Depois de ter sempre protestado contra qualquer adição e de, por muito tempo e muitas vezes, ter apreciado as repetidas derrotas que ela impingiu a cada tentativa de seus parentes em introduzir esta jovem ou aquela jovem como companheira na Casa de Sanditon, ela tinha trazido de volta com ela de

Londres, na última festa de St. Michael, uma tal senhorita Brereton, que ameaçava, por seus justos méritos, competir com Sir Edward e garantir para si mesma e sua família aquela parte da propriedade acumulada que eles certamente tinham mais direito de herdar.

O senhor Parker falou calorosamente de Clara Brereton, e o interesse por sua história aumentou muito com a introdução de tal personagem. Charlotte ouviu com mais do que diversão agora, com solicitude e alegria, pois a senhorita Brereton havia sido descrita como adorável, amável, gentil, despretensiosa, conduzindo-se constantemente com grande bom senso e, evidentemente, ganhando por seu valor inato o afeto de sua benfeitora. Beleza, doçura, pobreza e dependência não precisam da imaginação de um homem para operar; com devidas exceções, uma mulher se afeiçoa a outra mulher muito prontamente e com compaixão. Ele deu os detalhes que levaram à admissão de Clara em Sanditon como um exemplo não ruim daquela mistura de caráter, daquela união da pequenez com bondade, com bom senso e até liberalidade que ele via em Lady Denham.

Depois de ter evitado Londres por muitos anos, principalmente por causa desses mesmos primos que escreviam continuamente, convidando-a e atormentando-a, e de quem ela estava determinada a manter distância, Lady Denham foi obrigada a ir até lá na última festa de St. Michael com a certeza de estar ocupada por pelo menos uma quinzena. Ela tinha se hospedado em um hotel, vivendo por conta própria tão prudentemente quanto possível, ao desafiar o preço excessivo reputado a tais acomodações. Passados três dias, pediu sua conta para que pudesse avaliar seus gastos até então. O valor apresentado era de tal ordem que a obrigava a não permanecer nem mais uma hora sequer no hotel, e, com toda a raiva e perturbação na certeza de ter sido vítima de uma imposição muito grosseira do estabelecimento, apesar da sua ignorância de onde buscar alternativas para uma estadia mais justa, estava disposta a deixar o hotel sob qualquer circunstância. Nessa hora crítica, os primos, os primos políticos e sortudos, que pareciam sempre ter uma espiã atrás dela, apresentaram-se e, conhecendo sua situação, convenceram-na a aceitar a casa deles para o resto da estadia, com o que uma casa humilde, em uma parte muito inferior de Londres, poderia oferecer.

Ela foi; ficou encantada com a recepção e com a hospitalidade e atenção que recebeu de todos e considerou seus bons primos, os Breretons, além de suas expectativas, pessoas dignas. Finalmente, foi impelida, por observar pessoalmente a renda estreita e as dificuldades pecuniárias deles, a convidar uma das meninas da família para passar o inverno com ela. O convite era para uma delas apenas, por seis meses, com a probabilidade de uma outra ser, então, levada para assumir o lugar da primeira. Mas, ao selecionar uma das meninas, Lady Denham demonstrou a parte boa do seu caráter, pois, passando pelas autênticas filhas da casa, ela havia escolhido Clara, sua sobrinha, a mais desamparada e mais digna de pena, é claro, do que qualquer outra, uma pobre dependente, um fardo adicional em um círculo familiar tão sobrecarregado e alguém que era tão simples em sua visão de mundo que, apesar de todos os seus dons e habilidades, estava se preparando para aceitar uma função um pouco melhor do que uma auxiliar de berçário.

Clara havia retornado com ela e, por seu bom senso e mérito agora, ao que tudo indica, tinha assegurado uma forte influência no respeito de Lady Denham. Os seis meses haviam passado há tempos, e nenhuma sílaba foi sussurrada sobre qualquer mudança ou troca.

Ela era a favorita de todos. A influência de sua conduta firme e do temperamento suave e gentil era sentida por todos. Os preconceitos que a encontraram inicialmente em alguns locais foram todos dissipados. Ela foi considerada digna de confiança para ser a própria companhia que guiaria e suavizaria Lady Denham, que ampliaria sua mente e abriria sua mão. Ela era tão completamente amável como era adorável, e, desde que recebeu as vantagens das brisas de Sanditon, aquela beleza foi completada.

Capítulo 4

– E de quem é esse lugar que parece muito confortável? – disse Charlotte quando, em um declive abrigado, distante quatro quilômetros do mar, eles passaram perto de uma casa de tamanho moderado, bem cercada e construída e rica em jardim, pomar e prados, que eram os melhores enfeites em tal habitação. – Parece que tem tantos confortos ao redor quanto Willingden.

– Ah – disse o senhor Parker –, esta é a minha antiga casa, a casa dos meus antepassados, a casa onde eu e todos os meus irmãos nascemos e crescemos, e onde meus três filhos mais velhos nasceram; onde a senhora Parker e eu moramos até dois anos atrás, até que nossa nova casa fosse concluída. Que bom que você esteja satisfeita com ela. É um lugar antigo e honesto; e Hillier a mantém em bom estado de conservação. Eu renunciei a ela, você sabe, para o homem que ocupa a maior parte das minhas terras. Ele consegue uma casa melhor com isso, e eu, uma situação bem melhor! Mais uma colina e estaremos em Sanditon, a moderna Sanditon, um belo local. Nossos ancestrais, você sabe, sempre construíram com muitas dificuldades. Aqui estávamos nós, presos neste pequeno recanto encolhido, sem ar ou vista, a apenas dois quilômetros da mais nobre extensão litorânea entre South Foreland e Land's End, e sem a menor vantagem desse fato. Você não vai achar que fiz uma troca ruim quando chegarmos a Trafalgar House. Por falar nisso, quase gostaria de não a ter chamado de Trafalgar, pois Waterloo é mais interessante agora. No entanto, o nome Waterloo está reservado; e, se tivermos incentivo suficiente este ano para uma pequena ampliação para nos aventurarmos, como acredito que faremos, então poderemos chamá-la de Waterloo Crescente, e o nome, unido a essa forma do edifício, como sempre leva, vai nos dar o comando de inquilinos. Em uma boa temporada, devemos ter mais inscrições do que poderíamos atender.

– Sempre foi uma casa muito confortável – disse a senhora Parker, olhando para ela pela janela traseira com algo parecido com o apego do arrependimento. – E tinha um jardim tão bonito, um jardim excelente...

– Sim, meu amor, mas isso pode-se dizer que levamos conosco. Ele nos fornecerá, como antes, todas as frutas e vegetais que quisermos. E nós temos, de fato, todo o conforto de uma excelente horta sem o horror constante de suas necessidades de cuidado ou o incômodo periódico de ver os vegetais em decomposição. Quem pode suportar uma horta de repolhos em outubro? Ah, querida, pois é. Estaremos tão bem com as coisas do jardim quanto já estivemos antes; pois, se for esquecido de ser cultivado a qualquer momento, podemos sempre comprar o que quisermos em Sanditon House. O verdureiro dali terá o maior prazer de nos atender.

– Mas era um bom lugar para as crianças correrem. Tão sombreado durante o verão!

– Minha querida, teremos sombra suficiente na colina, e mais do que suficiente no curso de poucos anos. O crescimento das minhas plantações é um deslumbramento geral. Enquanto isso, temos o toldo de lona que nos dá o mais completo conforto do lado de dentro da casa. E você pode conseguir um guarda-sol em Whitby's para a pequena Mary a qualquer momento ou um grande chapéu na loja Jebb. E, quanto aos meninos, eu devo dizer que prefiro que eles corram ao sol. Tenho certeza de que nós concordamos, minha querida, em desejar que nossos meninos sejam tão resistentes quanto possível.

– Sim, tenho certeza de que sim. E eu vou pegar uma pequena sombrinha para Mary, que vai deixá-la tão orgulhosa quanto possível. Quão orgulhosa vai caminhar com ela e imaginar-se uma pequena mulher. Oh, eu não tenho a menor dúvida de estarmos muito melhor onde estamos agora. Se quisermos tomar banho de mar, não teremos trezentos metros pela frente. Mas, você sabe – ainda olhando para trás –, as pessoas adoram olhar para um velho amigo em um lugar onde se tenha sido feliz. Os Hilliers não pareciam ter sofrido com as tempestades do inverno passado. Eu me lembro de ver a senhora Hillier, depois de uma daquelas noites terríveis, quando estávamos literalmente balançando em nossa cama, e não parecia nem ter consciência do vento, para ela nada mais do que comum.

– Sim, sim, isso é bastante provável. Recebemos toda a grandeza da tempestade com um perigo menos real, porque o vento, não encontrando nada para se opor ou confinar em torno de nossa casa, simplesmente se enfurece e passa; enquanto estiver neste canal, nada se sabe sobre o estado do ar abaixo das copas das árvores; e os habitantes podem ser pegos totalmente desprevenidos por uma dessas correntes terríveis, que causam maior dano em um vale quando surgem do que um campo aberto já experimentou com o vendaval mais forte. Mas, meu querido amor, quanto às coisas do jardim, vocês estavam dizendo que qualquer falta acidental poderia ser coberta em alguns minutos pelo verdureiro de Lady Denham. Mas me ocorre que devemos ir para outro lugar. Em tais ocasiões, aquele velho Stringer e seu filho têm produtos mais selecionados. Eu o encorajei a se estabelecer, você sabe, e infelizmente ele não está indo muito bem. Ou seja, ainda não houve tempo suficiente. Ele irá muito bem, sem nenhuma dúvida. Mas no início é um trabalho árduo e, portanto, devemos ajudá-lo com o que pudermos. Quando quisermos qualquer vegetal ou fruta, e não será errado desejá-los com frequência, quando tivermos esquecido alguma coisa ou outra na maioria dos dias, podemos conseguir um suprimento normalmente, você sabe, para que o pobre e velho Andrew não perca seu trabalho diário, mas na verdade vamos ter o principal de nosso consumo direto do Stringers.

– Muito bem, meu amor, isso pode ser feito facilmente. E a cozinheira ficará satisfeita, o que será um grande conforto, pois ela está sempre reclamando do velho Andrew e diz que ele nunca traz o que ela quer. Aí está agora a velha casa praticamente abandonada. O que seu irmão Sidney disse sobre ela ser transformada em um hospital?

– Ah, minha querida Mary, era apenas uma piada dele. Ele finge me aconselhar a fazer disso um hospital. Ele finge rir das minhas melhorias. Sidney diz qualquer coisa, você sabe. Ele sempre disse o que quis, de nós e para todos nós. Todas as famílias devem ter membro assim entre eles, eu acredito, senhorita Heywood. Há alguém na maioria das famílias privilegiado por habilidades ou humor superiores, para dizer o mínimo. Na nossa, é Sidney, que é um jovem muito inteligente e com grande poder de agradar. Ele vive muito pelo mundo para se estabelecer; esse é o seu único defeito. Está aqui e ali e em todos os lugares. Eu gostaria que pudéssemos levá-lo para Sanditon. Gostaria que você o conhecesse. E seria uma coisa boa para o lugar! Um jovem como Sidney, com sua carruagem elegante e ar moderno. Você e eu, Mary, sabemos que efeito isso poderia ter. Muitas famílias respeitosas, muitas mães cuidadosas, muitas filhas bonitas para nos assegurar contra o preconceito de Eastbourne e Hastings.

Eles agora estavam se aproximando da igreja e da verdadeira vila de Sanditon, que ficava ao pé da colina, a qual eles deveriam subir depois, uma colina cuja lateral era coberta com as árvores e as cercas da Sanditon House e cuja altura terminava em uma descida aberta onde os novos edifícios logo poderiam ser vistos.

Apenas um ramo do vale, enrolando-se mais obliquamente em direção ao mar, dava passagem a um riacho insignificante e formava em sua foz uma terceira divisão habitável em um pequeno aglomerado de casas de pescadores. A aldeia original continha pouco mais do que cabanas; mas o espírito do dia tinha sido capturado, como o senhor Parker observou com deleite para Charlotte, e duas ou três das melhores delas foram enfeitadas com uma cortina branca e a placa de "alojamentos para alugar", e mais adiante, no pequeno pátio verde de uma velha casa de fazenda, duas mulheres em branco elegante podiam ser vistas com seus livros e cadeiras de camping; e, ao virar a esquina da padaria, o som de uma harpa pôde ser ouvido através do pavimento superior. Essas imagens e sons foram altamente abençoados pelo senhor Parker. Não que ele tivesse alguma preocupação pessoal com o sucesso da própria aldeia; por considerá-la como muito afastada da praia, ele não fez nada ali; mas era a maior e mais valiosa prova da moda crescente do lugar como um todo. Se a aldeia pudesse ser mais atrativa, a colina estaria praticamente lotada. Ele antecipou uma temporada incrível.

Ao mesmo tempo, no ano passado (no final de julho), não havia um único hóspede na vila. Nem se lembrava de nenhum durante todo o verão, exceto uma família de crianças que veio de Londres para respirar o ar do mar após o surto de tosse e cuja mãe não os deixava chegar mais perto da água por medo de afogamento.

– Civilização, civilização de fato! – exclamou o senhor Parker, encantado. – Olhe, minha querida Mary, olhe as vitrines de William Heeley. Sapatos azuis e botas de nanquim! Quem poderia esperar uma visão dessas em um sapateiro na velha Sanditon! Isso tudo é novo, não tem nem um mês. Não havia sapatos azuis quando passamos por aqui um mês atrás. Realmente glorioso! Bem, acho que fiz algo de útil nos meus dias para a cidade. Agora, para nossa colina, nossa colina de respiração saudável.

Na subida, eles passaram pelos portões do alojamento da Casa Sanditon e viram o topo da própria casa entre seus bosques. Era a última construção dos tempos mais antigos nessa parte da paróquia. Um pouco mais acima, a modernidade começava; e, no cruzamento da descida, uma Prospect House, uma Bellevue Cottage e um Denham Place podiam ser observados por Charlotte com a calma de uma curiosidade divertida, e com o olhar ávido pelo senhor Parker, que esperava não ver nenhuma habitação vazia. Mais cartazes nas janelas do que ele havia calculado, e uma exibição menor dos hóspedes da colina, menos carruagens, menos caminhantes.

Ele tinha imaginado que era apenas pelo horário do dia, quando todos voltavam de suas caminhadas para o jantar; mas as areias e o Terraço sempre atraíram alguns, e a maré devia estar fluindo pela metade a essa hora.

Ele desejava estar nas areias, nos penhascos, em sua própria casa e em todos os lugares fora de sua casa imediatamente. Seu ânimo melhorou com a visão do mar, e ele quase podia sentir seu tornozelo já ficando mais forte. Trafalgar House, no ponto mais elevado da parte inferior, era um edifício leve e elegante, situado em um pequeno gramado com uma plantação muito nova ao redor, a cerca de cem metros da beirada de um penhasco íngreme, mas não muito elevado, e o mais próximo dele entre todos os edifícios, com exceção de uma pequena fileira de casas de aparência elegante, chamadas de Terraço, com um amplo passeio à frente, aspirando a ser o Centro Comercial do local. Nessa fila estavam a melhor chapelaria e a livraria e, um pouco separados dela, um hotel e o salão de bilhar. Ali começava a descida para a praia e para as cabines de banho. E este era, portanto, o local preferido da beleza e da moda.

Em Trafalgar House, erguendo-se a uma pequena distância atrás do Terraço, os viajantes estavam instalados com segurança; e tudo era felicidade e alegria entre papai e mamãe e seus filhos; enquanto Charlotte, tendo recebido a posse de seu apartamento, encontrou diversão o suficiente em estar em sua ampla janela veneziana olhando para o primeiro plano dividido em edifícios inacabados, roupas de cama de linho agitadas ao vento e os topos das casas, e para o mar, dançando e espumando na luz do sol e no frescor.

Capítulo 5

Quando se encontraram antes do jantar, o senhor Parker estava examinando as correspondências.

– Nem uma linha sequer de Sidney! – disse ele. – Esse é um sujeito preguiçoso. Enviei um relato do meu acidente de Willingden e pensei que ele iria me conceder uma resposta. Mas talvez isso signifique que virá pessoalmente. Eu confio que pode vir mesmo. Mas aqui está uma carta de uma de minhas irmãs. Elas nunca falham comigo.

As mulheres são as únicas correspondentes com quem podemos contar. Agora, Mary – sorrindo para sua esposa –, antes de abri-la, o que podemos adivinhar quanto ao estado de saúde daqueles que a enviaram, ou melhor, o que Sidney diria se estivesse aqui? Sidney é um sujeito atrevido, senhorita Heywood. E você deve saber, ele diria que há muita imaginação nas queixas das minhas duas irmãs. Mas não é bem assim, ou só um pouco. Elas têm realmente uma saúde péssima, como vocês nos ouviram dizer com frequência, e estão sujeitas a uma série de distúrbios muito graves. Na verdade, eu não acredito que elas saibam o que é ter um único dia de boa saúde. Ao mesmo tempo, elas são mulheres úteis e excelentes e têm tanta energia de caráter que, onde qualquer bem puder ser feito, elas se obrigam tanto em esforços que, para aqueles que não as conhecem bem, têm uma aparência extraordinária. Mas realmente não há afetação nelas, sabe? Elas têm apenas uma compleição mais frágil e gênios mais fortes do que costumamos encontrar, separados ou juntos. E nosso irmão mais novo, que mora com elas e não tem muito mais do que vinte anos, lamento dizer que é um inválido quase tão grande quanto elas próprias. Ele é tão delicado que não pode exercer nenhuma profissão. Sidney ri dele. Mas isso não é brincadeira, embora Sidney muitas vezes me faça rir de todos eles, apesar de eu não gostar muito disso. Agora, se ele estivesse aqui, eu sei que ele estaria apostando as chances de que Susan, Diana ou Arthur pareceriam, por esta carta, ter chegado à beira da morte no último mês.

Depois de correr os olhos pela carta, ele balançou a cabeça e começou:

– Nenhuma chance de vê-los em Sanditon, lamento dizer. Um relato muito triste sobre eles, de fato. Sério, um relato muito lamentável. Mary, você vai sentir muito em saber como eles têm passado e estão agora. Senhorita Heywood, se você me der uma chance, vou ler a carta de Diana em voz alta. Eu gosto de tornar meus amigos conhecidos uns dos outros e temo que este seja o único tipo de conhecido que irei fazer o possível para apresentar a você. E eu não posso ter nenhum escrúpulo sobre o relato de Diana, pois as cartas dela mostram exatamente como ela é, a pessoa mais ativa, amigável e calorosa que existe e, portanto, deve causar uma boa impressão.

Ele leu:

Meu caro Tom,

Todos nós ficamos muito tristes com o seu acidente, e, se você não tivesse relatado ter caído em mãos tão boas, eu teria ido até você a qualquer custo no dia seguinte ao recebimento de sua carta, embora tenha me encontrado sofrendo de um ataque mais severo do que o normal de minhas antigas queixas, bile espasmódica, e quase não consigo me arrastar da cama para o sofá.

Mas como você foi tratado? Envie-me mais detalhes em sua próxima carta. Se de fato foi uma torção simples, como você a define, nada teria sido tão eficaz quanto uma massagem, fricção com apenas as mãos, supondo que pudesse ser aplicada instantaneamente.

Há dois anos, visitei a senhora Sheldon quando o cocheiro dela torceu o pé enquanto limpava a carruagem e mal conseguiu entrar em casa, mas apenas pela aplicação imediata de uma massagem, persistente e constante (e eu esfreguei o tornozelo dele com minhas próprias mãos por seis horas sem intervalo) ele estava bem em três dias. Muito obrigado, meu caro Tom, pela gentileza em respeito a nós, que tivemos uma participação tão grande na causa do seu acidente. Mas, por favor, nunca mais corra perigo ao procurar um médico em nosso auxílio, pois, se você tivesse o homem mais experiente nessa função estabelecido em Sanditon, não seria de qualquer forma recomendável para nós.

Estamos totalmente fartos de toda a tribo médica. Consultamos médico após médico em vão, até estarmos completamente convencidos de que nada podem fazer por nós e que devemos confiar no nosso conhecimento de nossas próprias condições físicas miseráveis para qualquer alívio. Mas, se você achar aconselhável, pelo interesse do local, conseguir um médico por lá, eu irei me consultar com ele com prazer e não tenho dúvida de que ele seria bem-sucedido. Eu logo poderia colocar as providências em ordem para a partida.

Quanto a chegar a Sanditon por conta própria, é uma impossibilidade. Lamento dizer que não me atrevo a tentar, mas meus sentimentos me dizem claramente que, no meu estado atual, a brisa do mar seria a minha morte. E nenhum dos meus queridos companheiros poderá me deixar partir, ou eu promoveria a ida deles até você por quinze dias. Mas, na verdade, eu duvido de que os nervos de Susan estariam à altura do esforço. Ela tem sofrido muito com a dor de cabeça, e seis sanguessugas por dia durante dez dias seguidos aliviaram tão pouco que achamos melhor mudar nossa estratégia, e, convencidos a realizar um exame para confirmar que aquele mal era proveniente da gengiva, eu a persuadi a atacar a doença por ali. Ela, portanto, teve três dentes arrancados e está decididamente melhor, mas seus nervos estão bastante perturbados. Ela só consegue falar por sussurros e desmaiou duas vezes nesta manhã sobre o pobre Arthur, tentando conter uma tosse mais forte. Ele, fico feliz em dizer, está razoavelmente bem, embora mais lânguido do que gosto, e temo por seu fígado.

Eu não soube mais nada sobre Sidney desde que vocês estiveram juntos na cidade, mas concluí que o arranjo dele para a Ilha de Wight não aconteceu, ou o teríamos visto a caminho.

Desejamos sinceramente a você uma boa temporada em Sanditon. Embora não possamos contribuir pessoalmente com o seu "beau monde", estamos fazendo o nosso melhor para lhe enviar companhias que valham a pena e pensamos que podemos contar, seguramente, em garantir a vocês duas famílias grandes, uma muito rica das Índias Ocidentais de Surrey, a outra muito respeitável da Girls Boarding School, ou Academy, de Camberwell. Não vou dizer a você quantas pessoas eu envolvi nesse negócio, em uma operação complicada, mas o sucesso mais do que compensou.

Atenciosamente.

– Bem – disse o senhor Parker, ao terminar –, embora eu ouse dizer que Sidney poderia encontrar algo extremamente divertido nesta carta e nos fazer rir por meia hora juntos, eu declaro que, por mim mesmo, não consigo ver nada demais nela, a não ser que é muito lamentável ou muito digna de crédito. Com todos os sofrimentos deles, você percebe o quanto eles se ocupam em promover o bem dos outros! Tão ansiosos por Sanditon! Duas famílias grandes, uma para a Prospect House provavelmente, a outra para o número dois, Denham Place ou a casa final do Terraço, com camas extras no hotel. Eu disse que minha irmã era uma mulher excelente, senhorita Heywood.

– E tenho certeza de que devem ser extraordinários – disse Charlotte. – Eu estou surpresa com o estilo alegre da carta, considerando o estado em que ambas as irmãs parecem estar. Três dentes arrancados ao mesmo tempo, assustador! Sua irmã Diana parece quase tão doente quanto possível, mas aqueles três dentes de sua irmã Susan é mais angustiante do que todo o resto.

– Ah, elas estão tão acostumadas com a operação, com qualquer operação, e têm tamanha fortaleza!

– Suas irmãs sabem o que estão fazendo, ouso dizer, mas as medidas delas parecem chegar até o limite. Eu sinto que em qualquer doença eu estaria muito ansiosa por um conselho profissional, buscando o menor risco possível para mim ou para qualquer pessoa que eu amo! Mas, então, temos sido uma família tão saudável que não posso julgar o que o hábito de se automedicar pode significar.

– Para dizer a verdade – disse a senhora Parker –, acho que as senhoritas Parkers levam isso longe demais às vezes. E você também, meu amor, você sabe. Você costuma pensar que eles estariam melhores se fossem deixados por conta própria, especialmente Arthur. Eu sei que você acha uma grande pena que elas deem a ele tantas chances para estar doente.

– Ora, ora, minha querida Mary, eu admito, é lamentável para o pobre Arthur que a essa altura da vida ele seja encorajado a ceder a qualquer indisposição. É muito ruim que ele esteja se imaginando doente demais para qualquer atividade profissional e se largue, aos vinte e um anos, no desfrute de sua própria pequena fortuna, sem nenhuma ideia de tentar melhorá-la ou de se envolver em qualquer ocupação que possa ser útil para si ou para os outros. Mas vamos falar de coisas mais agradáveis. Essas duas famílias numerosas são exatamente o que queríamos. Mas aqui está algo mais agradável ainda: Morgan com seu chamado de "jantar na mesa".

Capítulo 6

A festa começou logo após o jantar. O senhor Parker não estaria satisfeito sem uma visita mais cedo à biblioteca e ao livro de visitas do estabelecimento; e Charlotte estava feliz em ver o máximo e o mais rápido possível daquele lugar, onde tudo era novidade. Eles estavam fora, na parte mais tranquila de um dia do balneário, quando o negócio mais importante dos preparativos para o jantar ou de sentar-se depois do jantar estava acontecendo em quase todos os alojamentos ocupados. Aqui e ali poderia ser visto um senhor idoso solitário, que foi forçado a se mover cedo e andar para manter a saúde; mas, em geral, era uma pausa completa de companhia, eram o vazio e a tranquilidade do Terraço, as falésias e as areias.

As lojas estavam desertas. Os chapéus de palha e pingentes de renda pareciam deixados para outra ocasião dentro e fora de casa, e a senhora Whitby na biblioteca estava sentada em uma sala mais reservada, lendo um de seus próprios romances por falta de opção.

A lista de doadores para caridade era comum. Lady Denham, senhorita Brereton, senhor e senhora Parker, Sir Edward Denham e senhorita Denham, cujos nomes podem ser considerados como uma referência à temporada, foram seguidos por ninguém menos que: senhora Mathews, senhorita Mathews, senhorita E. Mathews, senhorita H. Mathews; doutor e senhora Brown; senhor Richard Pratt; tenente Smith RN; capitão Little Limehouse; senhora Jane Fisher, senhorita Fisher, senhorita Scroggs; reverendo senhor Hanking; senhor Beard, advogado, Grays Inn; senhora Davis e senhorita Merryweather. O senhor Parker não podia deixar de sentir que a lista não era apenas sem distinção, mas menos numerosa do que ele esperava. Ainda era julho, e agosto e setembro eram os melhores meses. Além disso, as famílias grandes prometidas de Surrey e Camberwell eram um consolo a considerar.

A senhora Whitby veio sem demora de seu recesso literário, encantada em ver o senhor Parker, cujos modos o recomendavam a todos, e eles estavam totalmente ocupados em suas várias civilidades e cumprimentos, enquanto Charlotte, tendo adicionado seu nome à lista com a primeira contribuição para o sucesso da temporada, estava ocupada em algumas compras miúdas em benefício futuro de todos, assim que a senhorita Whitby pudesse ser chamada às pressas do seu toalete, com todos os seus cachos brilhantes e bugigangas elegantes, para servi-la.

A biblioteca, é claro, oferecia de tudo: todas as coisas inúteis do mundo que não poderiam faltar ali; e, entre tantas tentações bonitas, e com tanta boa vontade para o senhor Parker encorajar as compras, Charlotte começou a sentir que deveria se controlar, ou melhor, ela refletiu que aos vinte e dois anos não haveria desculpa para ela agir de outra forma e que não seria bom para ela gastar todo o seu dinheiro logo na primeira noite. Ela pegou um livro; era um volume de *Camilla*. Não tinha mais a juventude de Camilla e não tinha intenção de sofrer a mesma desventura; então, ela se virou para as gavetas de anéis e broches, conteve-se novamente diante das ofertas e pagou pelo que tinha comprado.

Para sua satisfação particular, eles iriam dar uma volta no penhasco; mas, quando saíram da biblioteca, foram recebidos por duas senhoras, cuja chegada fez uma alteração necessária: Lady Denham e senhorita Brereton. Elas tinham passado por Trafalgar House e dali foram para a biblioteca. E, embora Lady Denham fosse muito ativa para considerar aquela caminhada de dois quilômetros como algo que exigisse descanso e falasse em voltar para casa diretamente, os Parkers sabiam que convidá-la gentilmente para a casa deles e fazê-la tomar chá com eles seria mais adequado; e, portanto, o passeio no penhasco deu lugar a um retorno imediato para casa.

– Não, não – disse sua Senhoria. – Eu não vou permitir que você apresse seu chá por minha causa. Eu sei que você gosta do seu chá mais tarde. Minha predileção por sair mais cedo não deve colocar meus vizinhos em uma situação inconveniente. Não, não, a senhorita Clara e eu vamos voltar para o nosso próprio chá. Saímos sem nenhum outro planejamento. Queríamos apenas ver vocês e ter certeza de que vocês realmente estavam aqui, mas voltaremos ao nosso próprio chá.

Ela continuou, no entanto, em direção a Trafalgar House e tomou lugar na sala de estar muito silenciosamente, sem parecer ouvir uma palavra dos pedidos da senhora Parker à criada, assim que entraram, para servir o chá imediatamente. Charlotte estava totalmente consolada pela perda de sua caminhada por estar na companhia daquelas a quem a conversa da manhã lhe deu grande curiosidade em conhecer. Ela as observou bem. Lady Denham era de estatura mediana, robusta, ereta e alerta em seus movimentos, com um olhar astuto e ar de autossatisfação, mas não um semblante desagradável; e, embora seus modos fossem bastante diretos e abruptos, como os de uma pessoa que se valorizava por falar francamente, havia um bom humor e cordialidade nela, uma civilidade e prontidão para se familiarizar com a própria Charlotte, e uma cordialidade de boas-vindas para seus amigos mais antigos, que inspirava a boa vontade que ela parecia sentir. E, quanto à senhorita Brereton, sua aparência justificava tão completamente o elogio do senhor Parker que Charlotte pensou que nunca tinha encontrado uma jovem mais adorável ou mais interessante.

Elegantemente alta, razoavelmente bonita, com grande delicadeza de pele e olhos azuis suaves, um discurso docemente modesto, mas naturalmente gracioso, Charlotte podia ver nela apenas a representação mais perfeita de qualquer heroína que fosse a mais bonita e fascinante, de qualquer uma das numerosas obras que eles tinham abandonado nas prateleiras da senhora Whitby. Talvez seja em parte devido a ela ter acabado de sair de uma biblioteca itinerante, mas ela não conseguia separar a ideia de uma verdadeira heroína da imagem de Clara Brereton. A situação dela com Lady Denham tinha muito a ver com isso! Ela parecia ter sido colocada perto dela com o propósito de iludir a rica senhora. Tal pobreza e dependência unidas a tal beleza e mérito pareciam não deixar outra escolha naquele negócio. Esses sentimentos não eram resultado de nenhum espírito de romance em Charlotte. Não, ela era uma jovem muito sóbria, suficientemente versada em romances para fornecer diversão à sua imaginação, mas não ser influenciada de forma irracional por eles; e, enquanto ela se satisfazia nos primeiros cinco minutos em imaginar a sequência que deveria ocorrer no destino da interessante Clara, especialmente na forma da conduta mais bárbara por parte de Lady Denham, ela não tinha relutância em admitir, a partir da observação subsequente, que ambas pareciam viver em termos muito confortáveis. Ela não podia ver nada pior em Lady Denham do que o tipo de formalidade antiquada de sempre chamá-la de senhorita Clara; nem nada censurável no grau de observância e atenção que Clara dedicava a ela. Por um lado, parecia uma gentileza protetora; por outro, um respeito grato e afetuoso.

A conversa girou inteiramente sobre Sanditon, seu número atual de visitantes e as chances de uma boa temporada. Era evidente que Lady Denham estava mais ansiosa, com mais medo de alguma perda, do que seu coadjutor. Ela queria ver o lugar mais rapidamente lotado e parecia ter muitas apreensões perturbadoras com o fato de alguns dos alojamentos estarem desvalorizados. As duas grandes famílias da senhorita Diana Parker não foram esquecidas.

– Muito bom, muito bom – disse sua Senhoria. – Uma família das Índias Ocidentais e uma escola. Isso soa muito bem. Isso vai render dinheiro.

– Ninguém gasta mais despreocupadamente, eu acredito, do que os que vivem nas Índias Ocidentais – observou o senhor Parker.

– Sim, ouvi dizer. E, porque eles têm as bolsas cheias, imaginam que sejam iguais, possivelmente, às famílias antigas do interior. Mas, então, aqueles que espalham seu dinheiro tão livremente nunca imaginam que podem estar causando prejuízo ao provocar o aumento do preço das coisas. E ouvi dizer que é bem esse o caso com esses seus 'índios ocidentais'. E, se eles vierem entre nós para aumentar o preço de nossos itens de necessidades básicas, não devemos ser muito gratos a eles, senhor Parker.

– Minha cara senhora, eles só podem aumentar o preço dos artigos de consumo por uma demanda extraordinária para eles, e tal difusão de dinheiro entre nós só poderá nos fazer mais bem do que mal. Nossos açougueiros, padeiros e comerciantes em geral não podem ficar ricos sem trazer prosperidade para nós. Se eles não ganham, nossos aluguéis estarão em risco; e na proporção do lucro deles deve ser o nosso, eventualmente no aumento do valor de nossas casas.

– Ah, não, não! Mas eu não gostaria que a carne do açougueiro subisse muito. E vou manter os seus preços baixos o máximo que puder. Sim, aquela jovem sorri, eu vejo. Eu ouso dizer que ela me acha um tipo estranho de criatura; mas ela passará a se preocupar com tais assuntos com o tempo. Sim, sim, minha querida, pode confiar nisso, você pensará no preço da carne do açougueiro daqui a um tempo, embora você possa não ter o mesmo séquito de criados para alimentar como eu tenho. E acredito que esses são os mais prudentes, aqueles que têm menos criados. Eu não sou uma mulher de ostentação, como todo mundo sabe, e, se não fosse pelo que devo à memória do pobre senhor Hollis, eu jamais manteria Sanditon House como faço. Não é para meu próprio prazer. Bem, senhor Parker, e o outro grupo é um colégio interno, um colégio interno francês, não é? Sem problemas com isso. Eles vão ficar durante seis semanas. E de tal número ninguém sabe, mas algumas podem ser tuberculosas e querer leite de jumenta; e eu tenho duas fêmeas produzindo no momento. Mas talvez as pequenas senhoritas possam danificar a mobília. Espero que tenham uma boa e severa monitora para cuidar delas.

O pobre senhor Parker não recebeu mais crédito de Lady Denham do que recebera de suas irmãs pelo assunto que o levara a Willingden.

– Senhor! Meu caro senhor – gritou ela. – Como você pode pensar em tal coisa? Não só por você ter sofrido o acidente, mas, devo dizer, você o mereceu. Indo atrás de um médico! Por quê? O que devemos fazer com um médico aqui? Seria apenas para encorajar nossos criados e os pobres a se imaginarem doentes se tivessem um médico à disposição. Ah! Por favor, que não tenhamos nenhum dessa espécie em Sanditon. Vamos em frente muito bem como estamos. Lá estão o mar, as colinas e minhas mulas leiteiras. E eu disse à senhora Whitby que, se alguém pedisse uma cadeira com molas, poderíamos fornecer a uma taxa justa; a cadeira de molas do pobre senhor Hollis está praticamente nova, e o que as pessoas podem querer mais? Aqui vivi setenta bons anos no mundo e nunca tomei remédio mais de duas vezes e nunca vi o rosto de um médico em toda a minha vida, que eu possa me lembrar. E eu realmente acredito que, se meu pobre querido Sir Harry também não tivesse visto nenhum, ele ainda estaria vivo. Dez parcelas, uma após a outra, o homem que o enviou para fora do mundo tirou de mim. Eu imploro a você, senhor Parker, nenhum médico por aqui.

As coisas para o chá foram trazidas.

– Ah, minha querida senhora Parker, você realmente não deveria… Por que se incomodar assim? Estava quase a ponto de lhe desejar boa-noite. Mas, já que você foi tão amável, creio que a senhorita Clara e eu devemos ficar.

Capítulo 7

A popularidade dos Parkers trouxe-lhes alguns visitantes logo na manhã seguinte, entre eles Sir Edward Denham e sua irmã, que, estando hospedada em Sanditon House, veio para prestar seus cumprimentos. E, com o dever de escrever algumas cartas cumprido, Charlotte foi acompanhada pela senhora Parker na sala de visitas a tempo de ver todos eles. Os Denhams foram os únicos a despertar uma atenção particular. Charlotte ficou feliz pela oportunidade de conhecer a família por uma apresentação a todos e achou que eles eram dignos de nota, a melhor metade pelo menos, pois, sendo solteiro, o cavalheiro às vezes era considerado a melhor metade da dupla.

A senhorita Denham era uma boa jovem, mas fria e reservada, dando a ideia de ser uma pessoa que sentia orgulho da sua importância e descontentamento por sua pobreza e que foi imediatamente corroída pela falta de uma carruagem mais bonita do que o simples coche em que viajavam, o qual o cavalariço estava conduzindo ainda à vista dela. Sir Edward era muito superior a ela, em aparência e modos, certamente bonito, mas ainda mais digno de nota pelo seu discurso excelente e disposição para prestar atenção e ser prazeroso. Ele entrou na sala notavelmente bem, falou bastante, e muito a Charlotte, ao lado de quem ele por acaso foi colocado, e ela logo percebeu que ele tinha um semblante excelente, uma gentileza muito agradável na voz e uma grande habilidade para lidar com a conversa. Ela gostou dele. Sóbria como ela era, considerou-o agradável e não relutou com a suspeita de que a considerasse igualmente, que estava claro por ele desconsiderar evidentemente o movimento de sua irmã para ir, e persistindo em sua posição e seu discurso. Eu não peço desculpas pela vaidade da minha heroína. Se há moças no mundo atualmente que sejam mais indiferentes à fantasia e mais descuidadas em tentar agradar alguém, eu desconheço e não desejo conhecê-las.

Por fim, das janelas francesas baixas da sala de estar que revelavam a estrada e todos os caminhos através da descida, Charlotte e Sir Edward, enquanto estavam sentados, não puderam deixar de observar Lady Denham e a senhorita Brereton passando. Houve instantaneamente uma ligeira mudança na expressão de Sir Edward, com um olhar ansioso para elas enquanto passavam, seguido por uma proposta anterior da sua irmã não apenas para sair dali, mas para seguir em frente juntos para o Terraço, que deu uma guinada apressada na fantasia de Charlotte, curou-a de sua febre de meia hora e a colocou em um estado mais capaz de julgamento, quando Sir Edward se foi, sobre o quão agradável ele realmente tinha sido com ela. “Talvez fosse muito por causa de sua atitude e discurso; e seu título não lhe causava mal nenhum.”

Ela logo estaria na companhia dele novamente. O primeiro objetivo dos Parkers, quando sua casa estivesse livre dos visitantes matinais, era saírem eles próprios dali. O Terraço era a atração de todos. Todo mundo que havia feito uma caminhada deveria começar pelo Terraço. E ali, sentados em um dos dois bancos verdes perto do caminho de cascalho, eles encontraram o grupo dos Denhams juntos; mas, embora unidos no mesmo ambiente, muito distintamente separados novamente, com as duas senhoras mais velhas sentadas em uma extremidade do banco, e Sir Edward e a senhorita Brereton na outra. O primeiro olhar de Charlotte disse-lhe que o ar de Sir Edward era de alguém apaixonado. Não poderia haver dúvida de sua afeição por Clara. Como Clara recebia esse afeto era menos óbvio, mas ela estava inclinada a pensar não muito favoravelmente, pois, embora sentada assim separada com ele (o que provavelmente ela poderia não ter sido capaz de evitar), seu ar estava calmo e compenetrado.

Que a jovem do outro lado do banco estava fazendo penitência, era indubitável. A diferença no semblante da senhorita Denham ali – comparando a senhorita Denham sentada em fria grandeza na sala de estar da senhora Parker, tendo seu silêncio quebrado somente pelos esforços dos outros, à senhorita Denham de agora, nos cotovelos de Lady Denham, ouvindo e falando com atenção sorridente ou ansiedade solícita – era muito evidente e muito divertido, ou muito melancólico, conforme prevalecesse a sátira ou a moralidade daquela situação. O caráter da senhorita Denham estava muito bem decidido na mente de Charlotte. A observação de Sir Edward exigia mais tempo. Ele a surpreendeu ao desistir de Clara imediatamente após todos se juntarem e concordarem em andar e por dirigir suas atenções inteiramente a ela.

Posicionando-se ao lado dela, ele parecia querer apartá-la o máximo possível do resto dos companheiros e dar a ela toda a sua atenção.

Ele começou, em tom de muito bom gosto e sentimento, a falar do mar e da costa; e percorreu com energia todas as frases usuais empregadas em louvor de sua sublimidade e descritivo das emoções indescritíveis que eles provocavam nas mentes mais sensíveis. A incrível grandeza do oceano em uma tempestade, sua superfície de vidro em horas de calmaria, suas gaivotas e sua algas e as profundezas abissais, suas vicissitudes rápidas, seus terríveis enganos, seus marinheiros folgados sob o sol e oprimidos pelas tempestades repentinas, tudo havia sido ansiosamente e fluentemente mencionado, muito lugar-comum, talvez, mas resultando muito bem ao sair dos lábios de um belo Sir Edward, e ela não podia deixar de pensar que ele era um homem sensível, até que começou a surpreendê-la pelo número de suas citações e pela perplexidade de algumas de suas frases.

– Você se lembra – disse ele – das belas linhas de Scott escritas sobre o mar? Ah! Que bela descrição elas transmitem! Elas nunca saem dos meus pensamentos quando eu caminho por aqui. O homem que puder lê-las impassível deve ter os nervos de um assassino! O céu me proteja de encontrar um homem desses desarmado.

– A qual descrição você se refere? – disse Charlotte. – Não me lembro de nenhuma no momento, do mar, em qualquer um dos poemas de Scott.

– Não se lembra mesmo? Não consigo me lembrar exatamente do início nesse instante. Mas você não pode ter esquecido sua descrição da mulher: “Oh! Mulher em nossas horas de alívio...”

– Delicioso! Delicioso! Se ele não tivesse escrito mais nada, ainda assim teria sido imortal. E então, novamente, aquele discurso inigualável e incomparável para a afeição dos pais:

> "Alguns sentimentos são dados aos mortais
> Com menos da terra neles do que céu", etc.

– Mas, já que estamos falando de poesia, o que você acha, senhorita Heywood, das frases de Burns para a Mary dele? Ah! Há ânimo suficiente para enlouquecer! Se alguma vez houve um homem com profundos sentimentos, esse foi Burns. Montgomery tem todo o fogo da poesia, Wordsworth tem a verdadeira alma disso, Campbell em seus prazeres de esperança tocou o extremo de nossas sensações: "Como as visitas de anjos, poucas e distantes entre si". Você consegue conceber algo mais subjugante, mais terno, mais repleto de sublime profundidade do que essa frase? Mas Burns, eu confesso meu senso de sua preeminência, senhorita Heywood. Se Scott tem uma falha, é a falta de paixão. Terno, elegante, descritivo, mas muito manso. O homem que não pode fazer justiça aos atributos da mulher tem o meu desprezo. Às vezes, de fato, um flash de sentimentos parece irradiá-lo, como nas linhas de que estávamos falando: "Oh! Mulher em nossas horas de alívio". Mas Burns está sempre em chamas. Sua alma era o altar em que a mulher adorável foi consagrada, seu espírito verdadeiramente respirava o incenso imortal que lhe é devido.

– Eu li vários dos poemas de Burns com grande prazer – disse Charlotte assim que teve alguma chance para falar. – Mas eu não sou poética o suficiente para separar a poesia de um homem inteiramente de seu caráter; e as conhecidas falhas do pobre Burns interromperam muito do meu prazer com suas frases. Tenho dificuldade em depender da verdade de seus sentimentos como um apaixonado. Eu não tenho fé na sinceridade da afeição de homens com a descrição como a dele. Ele sentia, escrevia e depois se esquecia.

– Ah, não, não! – exclamou Sir Edward em êxtase. – Ele era todo ardor e verdade! Seu gênio e suas suscetibilidades poderiam levá-lo a algumas contradições, mas quem é perfeito? Isso era hipercrítica, era pseudofilosofia para se esperar da alma de um gênio agudo as humilhações de uma mente comum. As ofuscações de talento, provocadas por um sentimento apaixonado no peito de um homem, talvez sejam incompatíveis com algumas das prosaicas decências da vida. Nem você consegue, adorável senhorita Heywood – falando com um ar de profundo sentimento –, nem consegue qualquer mulher ser uma juíza justa do que um homem pode ser impelido a dizer, escrever ou fazer pelos impulsos soberanos de um ardor ilimitado.

Aquilo era muito bom, mas, se Charlotte entendeu alguma coisa, não era muito moral; além disso, de forma alguma satisfeita com o estilo extraordinário de elogio dele, ela respondeu gravemente:

– Eu realmente não sei nada sobre o assunto. Está um dia encantador. O vento, imagino, deve ser de sul.

– Vento feliz, feliz, para envolver os pensamentos da senhorita Heywood!

Ela começou a considerá-lo totalmente tolo. A decisão dele de andar ao seu lado, ela começou a entender. Era para irritar a senhorita Brereton. Tinha descoberto isso por um ou dois olhares ansiosos da parte dele; mas por que ele tinha falado tanta bobagem, a menos que ele não pudesse realmente fazer melhor, era ininteligível. Ele parecia muito sentimental, muito cheio de um ou outro sentimento e muito viciado em todas as palavras duras mais modernas, não tinha uma mente muito clara, ela presumiu, e falava muito daquilo de cor. O futuro poderá explicá-lo melhor. Mas, quando houve uma proposta para entrar na biblioteca, ela sentiu que já tinha o suficiente de Sir Edward por uma manhã e, muito feliz, aceitou o convite de Lady Denham para permanecer no Terraço com ela.

Os outros todos os deixaram, Sir Edward com olhares de desespero para se afastar dali, e elas uniram sua amabilidade, isto é, Lady Denham, como uma verdadeira grande dama, falava e falava apenas de suas próprias preocupações, e Charlotte ouvia, divertindo-se ao considerar o contraste entre suas duas companhias. Certamente não houve a tensão de sentimentos duvidosos nem alguma frase de difícil interpretação no discurso de Lady Denham. Agarrando o braço de Charlotte com a facilidade de quem sente que qualquer atenção dela seria uma honra e indicativa da influência dessa importância consciente, ou pelo simples amor natural por falar, ela imediatamente disse em um tom de grande satisfação e com um olhar de sagacidade:

– A senhorita Esther quer que eu a convide e ao irmão para passar uma semana comigo na Sanditon House, como fiz no último verão. Mas eu não devo fazê-lo. Ela tem tentado me contornar de todas as maneiras com seu louvor disso e seu elogio daquilo; mas eu vi o que ela estava fazendo. Eu consegui enxergar tudo. Eu não sou facilmente enganada, minha querida.

Charlotte não conseguia pensar em nada mais inofensivo para ser dito do que o simples:

– Sir Edward e a senhorita Denham?

– Sim, minha querida. Meus jovens, como eu os chamo às vezes, porque eu os conduzo muitas vezes pelas mãos. Eu os tive comigo no verão passado, nessa época, por uma semana, de segunda a segunda, e eles ficaram muito felizes e gratos por isso.

Pois eles são jovens muito bons, minha querida. Eu não gostaria que você pensasse que eu apenas os considero por causa do pobre e querido Sir Harry. Não, não; eles são muito merecedores por si mesmos, ou, acredite em mim, não estariam tanto na minha companhia. Não sou mulher para ajudar ninguém com os olhos vendados. Eu sempre procuro saber no que estou me metendo e com quem tenho de lidar antes de mover um dedo. Eu não acho que já tenha sido passada para trás alguma vez em minha vida. E isso é um bom negócio para uma mulher dizer, principalmente quem já foi casada duas vezes. O pobre querido Sir Harry, cá entre nós, imaginava a princípio ter conseguido mais. Mas, com um pequeno suspiro, ele se foi, e nós não devemos criticar os mortos. Ninguém poderia viver mais feliz juntos do que nós, e ele era um homem muito honrado, um verdadeiro cavalheiro de família tradicional. E, quando ele morreu, dei a Sir Edward o relógio de ouro dele.

Ela disse isso com um olhar para sua companheira, o que implicava seu direito de causar uma ótima impressão; e, não vendo nenhum espanto arrebatador no semblante de Charlotte, acrescentou rapidamente:

– Ele não o legou ao seu sobrinho, minha querida. Não foi um legado. Não estava no testamento. Ele só me disse, e uma única vez, que ele desejaria que seu sobrinho ficasse com seu relógio; mas isso precisava ser uma obrigação, caso eu não o tivesse escolhido.

– Muito gentil mesmo! Muito bonito! – disse Charlotte, absolutamente forçada a reagir com admiração.

– Sim, minha querida, e não foi a única coisa gentil que fiz por ele. Eu tenho sido uma amiga muito liberal de Sir Edward. E, pobre jovem, ele precisa muito disso, pois, embora eu seja apenas a viúva, minha querida, e ele seja o herdeiro, as coisas não se dão entre nós da maneira como costumam ocorrer entre as duas partes. Não recebo um xelim da propriedade de Denham. Sir Edward não tem nenhum pagamento para me fazer. Ele não ficou em primeiro lugar na herança, acredite em mim. Sou eu que o ajudo a viver.

– De fato! Ele é um jovem muito bom, particularmente elegante em seu discurso.

Isso foi dito principalmente para dizer algo em seguida, mas Charlotte viu diretamente que isso a deixava exposta a suspeitas por causa da oferta de Lady Denham e lançou um olhar astuto para ela, com a resposta:

– Sim, sim, é muito agradável olhar para ele. E é de esperar que alguma senhora de grande fortuna pense assim, pois Sir Edward deve casar-se por dinheiro. Ele e eu frequentemente conversamos sobre esse assunto. Um lindo rapaz como ele vai sorrindo e fazendo elogios para as moças, mas ele sabe que terá de se casar por dinheiro. E Sir Edward é um jovem muito estável no geral e tem noções muito claras.

– Sir Edward Denham – disse Charlotte –, com tais vantagens pessoais, pode ter quase a certeza de conseguir uma mulher rica, se ele assim escolher.

Esse sentimento glorioso parecia remover todas as suspeitas.

– Sim, minha querida, isso foi dito com muita sensatez – exclamou Lady Denham. – E, se nós pudéssemos conseguir uma jovem herdeira para Sanditon! Mas as herdeiras são absurdamente raras! Eu não acredito que já tivemos uma herdeira aqui ou mesmo uma coerdeira, desde que Sanditon foi declarado um lugar público. Famílias vêm depois de famílias, mas, pelo que posso apreender, não existe um em uma centena deles que possua qualquer propriedade, terreno ou financiamento. Uma renda, talvez, mas nenhuma propriedade. Clérigos, talvez, ou advogados da cidade, ou oficiais de meio período, ou viúvas com apenas uma fonte de renda. E que bem essas pessoas podem fazer a alguém, exceto quando tomam nossas casas vazias? E, aqui entre nós, acho que eles são grandes idiotas por não ficarem em casa. Agora, se pudéssemos conseguir que uma jovem herdeira fosse enviada aqui para cuidar de sua saúde e se ela fosse convidada a beber leite de jumenta que eu poderia fornecer a ela e, assim que ela estivesse bem, fazer com que ela se apaixone por Sir Edward!

– Isso seria realmente muito bom.

– E a senhorita Esther deve se casar com alguém rico também. Deve conseguir um marido rico. Ah, as moças que não têm dinheiro são muito dignas de pena! Mas – após uma breve pausa –, se a senhorita Esther pensar em me convencer a convidá-los para vir e ficar na Casa Sanditon, ela se verá enganada. As coisas mudaram comigo desde o verão passado, você sabe. Eu tenho a senhorita Clara comigo agora, o que faz uma grande diferença.

Ela falou isso tão seriamente que Charlotte imediatamente viu nisso a prova da intromissão real e se preparou para algumas observações mais completas, mas em seguida ouviu apenas:

– Não gosto de ter minha casa tão cheia quanto um hotel. Eu prefiro não escolher que o tempo das minhas duas criadas seja tomado todas as manhãs limpando o pó dos quartos. Elas têm o quarto da senhorita Clara para arrumar, assim como o meu, diariamente. Se elas tivessem tarefas mais difíceis, iriam querer salários mais altos.

Para objeções dessa natureza, Charlotte não estava preparada. Ela achava aquilo tão impossível, até mesmo para afetar a simpatia, que ela não pôde dizer nada. Lady Denham logo acrescentou, com grande alegria:

– Além de tudo isso, minha querida, devo rechear a minha casa de hóspedes em prejuízo de Sanditon? Se as pessoas querem estar perto do mar, por que não pagar pelos alojamentos? Aqui existem muitas casas vazias, três neste mesmo Terraço, nada menos do que três registros de hóspedes vazios me encarando neste exato momento, números três, quatro e oito. Oito, a casa da esquina, pode ser muito grande para eles, mas as outras duas são casinhas aconchegantes, muito adequadas para um jovem cavalheiro e sua irmã. E assim, minha querida, da próxima vez que a senhorita Esther começar a falar sobre a umidade do parque Denham e o bem que os banhos sempre fazem a ela, vou aconselhá-los a vir e ocupar um destes alojamentos por uns quinze dias. Você não acha que isso será muito justo? Caridade começa em casa, você sabe.

Os sentimentos de Charlotte estavam divididos entre diversão e indignação, mas a indignação tinha participação maior e crescente. Ela manteve o seu semblante e um silêncio civilizado. Ela não podia levar sua paciência adiante, mas, sem tentar ouvir mais, e apenas consciente de que a senhora Denham ainda estava falando da mesma maneira, permitiu que seus pensamentos se formassem como uma meditação assim:

Ela é completamente má. Eu não esperava nada tão ruim assim. O senhor Parker falou muito suavemente dela. O julgamento dele, evidentemente, não é confiável. A boa natureza dele o enganara. Ele é muito bondoso para ver com clareza. Eu devo julgar por mim mesma. E a própria conexão entre eles o prejudica. Ele a convenceu a se envolver nos mesmos investimentos, e, porque o objeto dela nessa linha é o mesmo, ele imagina que ela se sente como ele em outros assuntos. Mas ela é muito, muito má. Eu não consigo ver nada de bom nela. Pobre senhorita Brereton! E ela faz todo mundo se zangar com ela. Este pobre Sir Edward e sua irmã, até que ponto a natureza queria que eles fossem respeitáveis, não sei, mas eles são obrigados a ser mesquinhos em seu servilismo para com ela. E eu também sou má em dar a ela minha atenção com a aparência de concordar com ela. Assim é sempre, quando os ricos são sórdidos.

Capítulo 8

As duas senhoras continuaram caminhando juntas até se juntarem às outras, que, ao saírem da biblioteca, foram seguidas por um jovem Whitby fugindo com cinco volumes debaixo do braço para o coche do Sir Edward; e este, aproximando-se de Charlotte, disse:

– Você deve ter percebido qual tem sido a nossa ocupação. Minha irmã queria meu conselho na seleção de alguns livros. Temos muitas horas de lazer e lemos muito. Não sou um leitor indiscriminado de romances. O mero lixo da biblioteca circulante comum eu considero com o mais alto desprezo. Você nunca vai me ouvir defender aquelas emanações pueris que detalham nada além de princípios discordantes incapazes de amalgamação, ou aquelas insípidas tramas de ocorrências comuns, a partir das quais nenhuma dedução útil pode ser obtida. Em vão podemos colocá-los em um alambique literário; nós não destilamos nada que possa contribuir para a ciência. Você me entende, estou certo?

– Não tenho certeza se entendo. Mas, se você descrever os tipos de romances que você aprova, atrevo-me a dizer que me dará uma ideia mais clara.

– De boa vontade, justa questionadora. Os romances que aprovo são os que exibem a natureza humana com grandeza; os que a exibem nas sublimidades dos sentimentos intensos; os que mostram o progresso de uma forte paixão desde o primeiro embrião de suscetibilidade incipiente até às energias extremas da razão quase destronada, no qual vemos a forte centelha de cativação da mulher suscitar tal fogo na alma do homem que o conduz, embora correndo o risco de algum desvio, da linha estrita de obrigações primitivas para arriscar tudo, ousar tudo, conseguir tudo para conquistá-la. Essas são as obras que leio com prazer e, espero poder dizer, em busca de aprimoramento. Elas exibem os mais esplêndidos retratos das concepções mais elevadas, visões e ardor ilimitados, decisões indomáveis. E, mesmo quando o evento é principalmente desfavorável para as maquinações escandalosas da personagem principal, o herói potente e penetrante da história nos deixa cheios de emoções generosas para com ele; nossos corações ficam paralisados. Seria pseudofilosofia afirmar que não nos sentimos mais envolvidos pelo brilho de sua carreira do que pelas virtudes tranquilas e mórbidas de qualquer personagem rival. Nossa aprovação para esses últimos é apenas solidária. Estes são os romances que ampliam as capacidades primitivas do coração, dos quais não podemos impugnar os sentidos ou abandonar o caráter do homem mais pueril para nos familiarizar com ele.

– Se bem entendi – disse Charlotte –, nosso gosto por romances não é parecido.

E aqui eles foram obrigados a se separar. A senhorita Denham estava muito cansada de todos eles para ficar mais tempo. A verdade é que Sir Edward, a quem as circunstâncias confinaram por muito tempo em um só lugar, tinha lido mais romances sentimentais do que poderia admitir. Sua imaginação tinha sido capturada por todos os apaixonados e mais excepcionais trechos de Richardson e de outros autores que pareciam ter seguido os seus passos, e a descrição da busca incansável de um homem por uma mulher, desafiando a oposição de sentimentos e da conveniência, desde então ocupou a maior parte de suas horas literárias e formou seu caráter. Com uma perversidade de julgamento que pode ser atribuída ao fato de ele não ter por natureza um cérebro muito forte, as graças, o espírito, a sagacidade e a perseverança dos vilões das histórias pesavam com todos os seus absurdos e todas as suas atrocidades para Sir Edward. Para ele, tal conduta era genial, fogo e sentimento.

Isso lhe interessava e o inflamava. E ele estava sempre mais ansioso por seu sucesso e lamentava seus desconfortos com mais ternura do que jamais poderia ter sido contemplado pelos autores. Embora ele devesse muitas de suas ideias a esse tipo de leitura, seria injusto dizer que ele não leu mais nada ou que sua linguagem não foi formada em um conhecimento mais geral da literatura moderna. Ele lia todos os ensaios, cartas, guias e críticas diárias; e, com o mesmo azar que o fez deduzir apenas os falsos princípios das lições de moralidade e os incentivos ao vício das histórias de sua preferência, ele reunia apenas palavras duras e envolvia frases de efeito de nossos escritores mais aclamados.

O grande objetivo de Sir Edward na vida era ser sedutor. Com tais vantagens pessoais que ele tinha consciência de possuir, e tais talentos que ele também creditava a si próprio, ele considerava isso como seu dever. Sentiu que tinha sido feito para ser um homem perigoso, bem na linha dos Lovelaces. O próprio nome Sir Edward, ele pensava, carregava algum grau de fascinação. Ser geralmente galante e assediador nas feiras, fazer bons discursos a todas as moças bonitas era apenas a parte mais simples do personagem que ele tinha de interpretar. A senhorita Heywood, ou qualquer outra jovem com qualquer sinal de beleza, ele se dava o direito (de acordo com sua própria visão da sociedade) de abordar com grandes elogios e rapsódias ao menor contato. Mas era somente com Clara que ele tinha projetos sérios; era Clara quem ele realmente pretendia seduzir.

Sua sedução foi bastante determinada. A situação dela em todos os sentidos chamou por essa atitude dele. Ela era sua rival em relação aos favores de Lady Denham; era jovem, adorável e dependente. Ele tinha visto muito cedo a necessidade do caso, e agora estava havia algum tempo tentando com assiduidade cautelosa causar uma impressão em seu coração e minar seus princípios. Clara viu através dele e não teve a menor intenção de ser seduzida, mas ela o suportou com paciência suficiente para confirmar o tipo de ligação que seus encantos pessoais suscitaram. Um grau maior de desencorajamento, de fato, não teria afetado Sir Edward. Ele estava armado contra o mais alto grau de desdém ou aversão. Se ela não pudesse ser conquistada por afeto, ele iria carregá-la. Ele conhecia seu negócio. Ele já tinha muitas reflexões sobre o assunto. Se ele fosse obrigado a agir, deveria naturalmente atacar com algo novo, para superar aqueles que tinham tentado antes dele; e ele sentia uma grande curiosidade para verificar se a vizinhança de Timbuctu não poderia oferecer alguma casa solitária pronta para receber Clara. Mas a despesa, por Deus!, de medidas naquele estilo magistral eram inadequadas para o seu bolso, e a prudência o obrigou a preferir o tipo mais silencioso de ruína e desgraça para o objeto de suas afeições aos métodos mais renomados.

Capítulo 9

Um dia, logo após a chegada de Charlotte a Sanditon, ela teve o prazer de ver, assim que subiu das areias para o Terraço, a carruagem de um cavalheiro com cavalos de carga parada na porta do hotel, e, pelo horário mais tarde da chegada e pela quantidade de bagagem que estavam descarregando, era de esperar que se tratasse de alguma família respeitável, determinada a uma longa permanência. Encantada por ter tão boas notícias para o senhor e a senhora Parker, que tinham ambos ido para casa algum tempo antes, ela seguiu para Trafalgar House com tanta vivacidade que conseguiu perseverar, depois de ter lutado nas últimas duas horas com um vento muito bom soprando diretamente na costa. Mas ela mal tinha alcançado o pequeno gramado quando viu uma senhora andar agilmente atrás dela, a uma distância não muito grande; e, convencida de que poderia não ser alguma conhecida sua, resolveu se apressar adiante e entrar na casa, de preferência antes dela. Mas o ritmo da estranha não permitiu que isso fosse realizado. Charlotte estava nos degraus da porta e chamou, mas a porta não foi aberta, quando a outra atravessou o gramado, e, quando a criada apareceu, ambas estavam igualmente posicionadas para entrar na casa.

A facilidade da senhora, seu "Como vai você, Morgan?" e o olhar de Morgan ao vê-la foram um momento de espanto; mas o momento seguinte trouxe o senhor Parker ao corredor para dar as boas-vindas à irmã que ele tinha visto da sala de estar. E Charlotte logo foi apresentada à senhorita Diana Parker. Havia um monte de novidades, mas ainda mais prazer em vê-la. Nada poderia ser mais gentil do que a recepção de ambos, marido e mulher. Como ela veio? E com quem? E eles estavam tão felizes por sua coragem de encarar aquela jornada! E o fato de ela permanecer por um tempo com eles era realmente digno de nota.

A senhorita Diana Parker tinha cerca de trinta e quatro anos, altura mediana e delgada, aparência mais para delicada do que doentia, com um rosto agradável e um olhar muito animado. Seus modos se assemelhavam aos de seu irmão em sua naturalidade e franqueza, embora com mais decisão e menos suavidade em seu discurso. Ela começou um relato de si mesma sem demora. Agradeceu o convite, mas disse que "isso está totalmente fora de questão, pois todos os três vieram e pretendiam se hospedar nos alojamentos por alguns dias".

– Todos os três vieram? O quê? Susan e Arthur! Susan pôde vir também! Isso é melhor ainda.

– Sim, todos nós viemos. Totalmente inevitável. Nada mais a ser feito. Você vai ouvir tudo sobre esse assunto. Mas, minha querida Mary, mande buscar as crianças. Desejo vê-las.

– E como Susan suportou a jornada? E como está Arthur? E por que eles não estão aqui com você?

– Susan passou pela viagem maravilhosamente bem. Não conseguiu nem um piscar de sono na noite antes de sairmos ou ontem à noite em Chichester, e, como não é assim comum para nós, tive receio por ela. Mas ela se manteve maravilhosamente bem, sem histerias em consequência da viagem, até que pudemos ver a pobre Sanditon, mas o ataque não foi muito violento, já tinha quase terminado quando chegamos ao seu hotel, de modo que a tiramos da carruagem extremamente bem, apenas com a ajuda do senhor Woodcock. E, quando eu a deixei, estava coordenando a descarga da bagagem e ajudando o velho Sam a desamarrar os baús. Ela mandou seus melhores votos com amor, com mil arrependimentos por se sentir uma criatura tão miserável e não poder vir comigo. E, quanto ao pobre Arthur, não é que ele não desejasse, mas ventava tanto que não imaginei que ele pudesse arriscar a segurança, pois tenho certeza de que há lumbago esperando em torno dele; e então eu o ajudei a vestir o casaco grande e o despachei para o Terraço para conseguir nossos alojamentos. A senhorita Heywood deve ter visto nossa carruagem parada no hotel. Eu reconheci a senhorita Heywood quando a vi diante de mim no hotel. Meu querido Tom, estou tão feliz em ver você andar tão bem! Deixe-me sentir seu tornozelo. Parece-me bem, tudo bem e liberado. O movimento dos tendões ainda está um pouco afetado, mas mal se percebe. Bem, agora quanto à explicação de eu estar aqui. Eu lhe disse na minha carta dos dois grupos consideráveis que eu esperava garantir para você, o das Índias Ocidentais e o do seminário.

Aqui o senhor Parker puxou sua cadeira ainda mais para perto de sua irmã e pegou a mão dela de novo com muito carinho ao responder:

– Sim, sim, quão ativa e gentil você foi!

– O grupo das Índias Ocidentais – continuou ela –, que considero o mais desejável dos dois, o melhor dos melhores, mostrou ser composto por uma tal senhora Griffiths e a família dela. Eu os conheço apenas por meio de outros. Você deve ter me ouvido mencionar a senhorita Capper, a amiga particular de minha amiga Fanny Noyce. Bem, a senhorita Capper é extremamente íntima de uma senhora Darling, que é correspondente constante da própria senhora Griffiths. Apenas uma corrente curta, você vê, entre nós, e não falta nenhum elo. A senhora Griffiths pretendia vir até o mar para o benefício de seus jovens, tinha-se decidido pela costa de Sussex, mas estava indecisa quanto ao local; queria algo privado e escreveu para perguntar a opinião de sua amiga, senhora Darling. A senhorita Capper estava hospedada junto da senhora Darling quando a carta da senhora Griffiths chegou e foi consultada sobre a questão. Ela escreveu no mesmo dia para Fanny Noyce e mencionou isso a ela; e Fanny, muito viva para nos responder, instantaneamente pegou sua caneta e encaminhou as circunstâncias para mim, exceto em relação aos nomes, que foram confirmados apenas recentemente. Havia apenas uma coisa a fazer. Eu respondi à carta de Fanny pelo mesmo portador e pressionei pela recomendação de Sanditon. Fanny temia que não houvesse uma casa grande o suficiente para receber toda a família. Mas eu pareço estar girando minha história para uma extensão infinita. Você vê como tudo foi administrado. Eu tive o prazer de ouvir logo em seguida, pela mesma conexão, que Sanditon havia sido recomendado pela senhora Darling e que o grupo das Índias Ocidentais estava muito disposto a ir para lá. Este era o estado das coisas quando eu escrevi para você. Mas há dois dias, sim, apenas anteontem, tive notícias de Fanny Noyce, dizendo que tinha ouvido falar da senhorita Capper, que por uma carta da senhora Darling entendeu que a senhora Griffiths tinha se expressado em uma carta à senhora Darling de forma mais duvidosa sobre o assunto de Sanditon. Será que fui clara? Eu queria ser qualquer coisa, em vez de não ser clara.

– Ah, perfeitamente, perfeitamente. E?

– O motivo dessa hesitação foi ela não ter conexões no local e nenhum meio de verificar se ela teria boas acomodações ao chegar aqui; e ela foi particularmente cuidadosa e escrupulosa com todos aqueles assuntos, mais por causa de uma certa senhorita Lambe, uma jovem senhora, provavelmente uma sobrinha sob seus cuidados, do que por conta própria ou de suas filhas. A senhorita Lambe tem uma fortuna imensa, é mais rica que todas as outras e tem uma saúde muito delicada. Pode-se ver claramente por tudo isso o tipo de mulher que a senhora Griffiths deve ser: tão indefesa e indolente quanto a riqueza e um clima quente podem nos tornar.

"Mas não nascemos com a mesma energia. O que poderia ser feito? Eu tive alguns momentos de indecisão, se deveria escrever para você ou para a senhora Whitby, para reservar para eles uma habitação; mas nenhuma me agradou. Eu odeio empregar outras pessoas quando posso agir eu mesma; e minha consciência me disse que esta era uma ocasião que chamava por mim. Aqui estava uma família de doentes indefesos que eu poderia essencialmente servir. Eu parecia Susan. O mesmo pensamento ocorreu a ela.

"Arthur não criou dificuldades. Nosso plano foi acertado imediatamente, partimos ontem de manhã às seis, saímos de Chichester na mesma hora de hoje, e aqui estamos nós."

– Excelente! Excelente! – exclamou o senhor Parker. – Diana, você é inigualável em servir seus amigos e fazer o bem a todo o mundo. Eu não conheço ninguém como você. Mary, meu amor, ela não é uma criatura maravilhosa? Bem, e agora, que casa você projeta para acolhê-los? Qual é o tamanho da família deles?

– Eu não sei – respondeu sua irmã –, não tenho a menor ideia, nunca ouvi nenhum detalhe sobre isso; mas tenho certeza de que a maior casa de Sanditon não pode ser muito grande. É mais provável que queiram uma segunda. Eu devo ocupar apenas uma, no entanto, e isso apenas por uma semana certamente. Senhorita Heywood, estou surpresa. Você mal sabe o que fez comigo. Eu vejo pela sua aparência que você não está acostumada a essas medidas rápidas.

As palavras "intromissão irresponsável!" e "Atividade enlouquecedora!" tinham acabado de passar pela mente de Charlotte, mas uma resposta civilizada era mais fácil.

– Ouso dizer que pareço surpresa – disse ela –, porque esses foram grandes esforços, e sei o quão frágeis são, tanto você quanto sua irmã.

– Inválidas, de fato. Acredito que não haja três pessoas na Inglaterra que tenham o triste direito a essa denominação! Mas, minha querida senhorita Heywood, somos enviados para este mundo para ser o mais amplamente úteis possível, e, onde algum grau de força de espírito é dado, não é um corpo fraco que vai ser motivo de desculpa. O mundo está praticamente dividido entre os fracos de espírito e os fortes, entre aqueles que conseguem agir e aqueles que não conseguem; e é dever sagrado do capaz não deixar escapar nenhuma oportunidade de ser útil. As queixas da minha irmã e as minhas não são frequentemente de natureza que possam ameaçar imediatamente a nossa existência. E, enquanto pudermos nos mover para sermos úteis aos outros, estou convencida de que o corpo é melhor para a renovação que a mente recebe ao cumprir seu dever. Enquanto eu estive viajando com este objetivo em vista, estive perfeitamente bem.

A entrada das crianças acabou com este pequeno panegírico[1] sobre seu estado de disposição. E, depois de ter observado e acariciado todos eles, ela se preparou para ir.

– Você não pode jantar conosco? Não é possível convencê-la a jantar conosco? – foi então o grito geral. E, isso sendo absolutamente recusado, o próximo foi: – E quando vamos ver você de novo? E como podemos ser úteis para você?

E o senhor Parker cordialmente ofereceu sua ajuda para entregar a casa para a senhora Griffiths:

– Eu irei até você assim que tiver jantado – disse ele –, e nós iremos até lá juntos.

Mas isso foi imediatamente recusado:

– Não, meu caro Tom, em hipótese alguma no mundo você deve dar um passo por causa de qualquer negócio meu. Seu tornozelo quer descansar. Eu vejo pela posição do seu pé que você já o usou demais. Não, eu devo ir para a minha entrega da casa imediatamente. Nosso jantar não é solicitado antes das seis; e a essa altura espero ter completado o assunto. Agora são apenas quatro e meia. Quanto a me ver novamente hoje, eu não posso responder sobre isso. Os outros ficarão no hotel a noite toda e terão muito prazer

[1] Em Literatura, o panegírico é um discurso público em louvor a alguém ou a um ser abstrato. (N.T.).

em vê-lo a qualquer momento; mas, assim que eu voltar, ouvirei como Arthur cuidou de nossas próprias acomodações, e, provavelmente quando terminarmos o jantar, sairei para os arranjos em relação a eles, pois esperamos entrar em algum alojamento ou outro e que estejam resolvidos depois do café da manhã de amanhã. Eu não tenho muita confiança na habilidade do pobre Arthur para a arrumação da hospedagem, mas ele pareceu ter gostado da incumbência.

– Acho que você está fazendo muito – disse Parker. – Você vai se abater com esse ritmo. Você não deve se mover novamente após o jantar.

– Não, na verdade você não deveria – exclamou sua esposa –, pois o jantar é uma simples palavra para vocês, e isso não pode lhes fazer bem. Eu sei quais são seus apetites.

– Meu apetite está muito bem curado ultimamente, eu lhes garanto. Eu tenho tomado alguns líquidos amargos de minha própria criação, que fazem maravilhas. Susan nunca come, eu garanto a você. E no momento não quero comer nada. Eu nunca como por cerca de uma semana depois de uma viagem. Mas, quanto a Arthur, ele é muito inclinado para a comida. Muitas vezes somos obrigadas a controlá-lo.

– Mas você não me falou nada sobre a outra família vindo para Sanditon – disse Parker enquanto caminhava com ela até a porta da casa. – O Seminário de Camberwell. Temos uma boa chance de eles virem?

– Ah, sim. É praticamente certo que virão. Eu os tinha esquecido por enquanto. Mas eu tinha uma carta três dias atrás de minha amiga senhora Charles Dupuis, que me garantiu sobre Camberwell. Camberwell estará aqui com certeza, e muito em breve. Aquela boa mulher, eu não sei o nome dela, mesmo não sendo tão rica e independente como a senhora Griffiths, pode viajar e fazer suas próprias escolhas. Eu vou lhe contar como eu cheguei a ela. A senhora Charles Dupuis mora quase ao lado de uma senhora que tem um parente recentemente estabelecido em Clapham, que atualmente frequenta o seminário e dá aulas de eloquência e práticas de redação para algumas das meninas. Eu consegui para esse homem uma lebre de um dos amigos de Sidney; e ele lhe recomendou Sanditon. Sem a minha interferência, portanto, a senhora Charles Dupuis administrou tudo.

Capítulo 10

Não havia se passado uma semana desde que a senhorita Diana Parker foi informada por seus sentimentos de que a brisa do mar provavelmente seria, em seu estado atual, a sua própria morte; e agora ela estava em Sanditon, pretendendo passar algum tempo e sem parecer ter a menor lembrança de ter escrito ou sentido tal coisa.

Era impossível para Charlotte não suspeitar de muita fantasia em tal estado de saúde extraordinário. Distúrbios e recuperações muito fora do comum pareciam mais com a diversão de mentes ávidas em falta de um bom uso do que com aflições e alívios reais. Os Parkers eram, sem dúvida, uma família de imaginação e sentimentos rápidos, e, enquanto o irmão mais velho encontrou um escape para sua superfluidade de sensações como um empreendedor, as irmãs talvez fossem levadas a dissipar os seus na invenção de queixas estranhas. Evidentemente, toda a sua vivacidade mental não estava assim empregada; parte era utilizada para cuidar de se mostrar útil. Parece que eles deveriam estar muito ocupados para o bem dos outros ou então extremamente doentes. Alguma delicadeza natural em sua constituição física, na verdade, com uma infeliz inclinação para a medicina, especialmente a medicina charlatã, havia dado a eles uma tendência precoce em vários momentos para diversas doenças; o resto de seus sofrimentos era de fantasia, o amor pela distinção e o amor pelo maravilhoso. Eles tinham corações caridosos e muitos sentimentos amáveis. No entanto, um espírito de atividade inquieta e a glória de fazer mais do que qualquer outra pessoa tiveram sua contribuição em todos os esforços de benevolência, e havia vaidade em tudo o que faziam, bem como em tudo o que suportavam.

O senhor e a senhora Parker passaram grande parte da noite no hotel; mas Charlotte viu apenas duas ou três vezes a senhorita Diana correr pela colina atrás de uma casa para esta senhora que ela nunca tinha visto, e a qual nunca a tinha contratado para isso. Ela não se juntou aos demais até o dia seguinte, quando, sendo removida para as acomodações e toda a festa continuando bastante bem, seu irmão, sua irmã e ela foram instados a tomar chá com os Parkers.

Eles estavam em uma das casas do Terraço; e ela os encontrou arranjados para a noite em uma pequena sala de estar decorada, com uma bela vista do mar, se eles a tivessem escolhido. No entanto, embora tivesse sido um belo dia de verão inglês, não apenas as janelas não estavam abertas, mas também o sofá, a mesa e os móveis em geral estavam do outro lado da sala, perto de um fogo forte. A senhorita Parker, de quem se lembrou dos três dentes arrancados em um mesmo dia, Charlotte abordou com um grau peculiar de compaixão respeitosa. Ela não era muito diferente de sua irmã fisicamente ou nos modos, embora fosse mais magra e desgastada pela doença e pelos remédios, mais relaxada no ar e mais contida na voz. Ela falou, no entanto, a noite inteira tão incessantemente quanto Diana. E, exceto por ela ter-se sentado com sais nas mãos, tomado duas ou três gotas de um de vários frascos já distribuídos, como se estivessem em casa, no consolo da lareira, e feito muitas caras estranhas e contorções, Charlotte não podia perceber nenhum sintoma de doença que ela, na ousadia de sua própria saúde, não teria se comprometido a curar apagando aquele fogo, abrindo as janelas e se desfazendo das gotas e dos sais, imediatamente.

Ela tinha uma curiosidade considerável para conhecer o senhor Arthur Parker; e, tendo imaginado que ele era muito franzino, um jovem de aparência delicada, naturalmente o menor de uma família não muito robusta, ficou surpresa ao encontrá-lo tão alto quanto seu irmão e muito mais robusto, mais largo e vigoroso e sem aparência de inválido, a não ser por uma pele com aparência oleosa.

Diana era evidentemente a chefe da família, principal motor e ator. Ela tinha ficado de pé a manhã inteira, nos negócios da senhora Griffiths ou em seus próprios, e ainda era a mais alerta dos três. Susan tinha apenas supervisionado a remoção final de seus pertences do hotel, carregando duas caixas pesadas sozinha, e Arthur achou o ar tão frio que ele simplesmente andou de uma casa para a outra tão rapidamente quanto podia e se gabava muito de sentar-se perto do fogo, pois ele mesmo tinha preparado um muito bom. Diana, cujo exercício tinha sido muito doméstico para admitir maiores cálculos, mas que, por sua própria conta, não havia se sentado durante um intervalo de sete horas, confessou-se um pouco cansada. Ela tinha sido muito bem-sucedida, entretanto, para tanta fadiga, pois ela não só tinha, andando e eliminando mil dificuldades, finalmente garantido uma casa adequada por oito guinéus por semana para a senhora Griffiths, como também tinha acertado tantos confortos com cozinheiras, empregadas domésticas, lavadeiras e massagistas que a senhora Griffiths teria pouco mais a fazer em sua chegada do que acenar com a mão e escolher qualquer um deles ao seu redor. Seu esforço final na causa foram algumas linhas educadas de informação deixadas para a própria senhora Griffiths, embora o tempo não permitisse descrever o tortuoso trem de inteligência que até então havia sido empregado; e ela estava agora regalando-se no deleite de abrir as primeiras trincheiras para uma desconhecida com o cumprimento tão poderoso de uma obrigação inesperada.

O senhor e a senhora Parker e Charlotte viram duas carruagens cruzando para o hotel quando eles estavam partindo, uma visão alegre e cheia de especulações. A senhorita Parker e Arthur também tinham visto algo; eles puderam distinguir pela janela que havia uma chegada no hotel, mas não o seu conteúdo. Seus visitantes eram responsáveis por duas carruagens de aluguel. Poderiam ser do Seminário de Camberwell? Não, não. Se houvesse uma terceira carruagem, talvez pudessem; mas era de comum acordo que duas delas nunca poderiam trazer todo um seminário. O senhor Parker estava confiante que pudesse ser outra nova família.

Quando todos finalmente se sentaram, depois de algumas realocações para olhar a vista para o mar e o hotel, o lugar de Charlotte era ao lado de Arthur, que estava sentado ao lado do fogo com tamanho prazer que deu um mérito ainda maior à sua civilidade em oferecer-lhe o seu lugar. Não havia nada de duvidoso em sua maneira de declinar, e ele sentou-se novamente com muita satisfação. Ela puxou sua própria cadeira para obter todas as vantagens de sua pessoa como barreira para o calor e estava muito grata por cada centímetro de costas e ombros além de sua ideia preconcebida. Arthur tinha os olhos e as feições pesados, mas não estava absolutamente indisposto para falar; e, enquanto os outros quatro estavam envolvidos entre si, ele evidentemente sentiu que não seria penitência alguma ter uma bela jovem ao lado dele, exigindo apenas alguma polidez e alguma atenção. Seu irmão, que sentia a decidida falta de algum motivo para a ação, algum objeto poderoso de animação para ele, observou a cena com prazer considerável.

Tal foi a influência da juventude e do florescimento que Arthur começou até mesmo a ensaiar desculpas por ter acendido aquele fogo:

– Não costumamos acender um desses em casa – disse ele –, mas o ar do mar está sempre úmido. Eu não tenho tanto medo de nada quanto tenho da umidade.

– Eu tenho muita sorte – disse Charlotte – em nunca nem perceber se o ar está úmido ou seco. Tem sempre alguma propriedade que é saudável e revigorante para mim.

– Eu também gosto do ar, tanto quanto qualquer um possa gostar – respondeu Arthur. – Eu gosto muito de ficar em uma janela aberta quando não há vento. Mas, infelizmente, um ar mais úmido nunca gostou de mim. Me dá reumatismo. Você não é reumática, eu suponho.

– De jeito nenhum.

– É uma grande bênção. Mas talvez você seja nervosa...

– Não, creio que não. Eu não tenho ideia de que eu seja isso.

– Eu sou muito nervoso. Para dizer a verdade, os nervos são a pior parte dos meus queixumes, na minha opinião. Minhas irmãs me acham bilioso, mas eu duvido.

– Você tem todo o direito de duvidar, enquanto você puder, estou certa disso.

– Se eu fosse bilioso – continuou ele –, você sabe, o vinho discordaria de mim, mas sempre me faz bem. Quanto mais vinho eu bebo com moderação, melhor estou. Eu sempre estou melhor à noite. Se você tivesse me visto hoje antes do jantar, teria pensado que eu era uma criatura muito infeliz.

Charlotte podia acreditar. Ela manteve o semblante, no entanto, e disse:

– Tanto quanto eu posso entender o que são os males dos nervos, tenho uma ótima ideia da eficácia do ar e do exercício para eles, exercícios diários e regulares, e eu deveria recomendar mais para você do que suspeito que você tenha o hábito de praticar.

– Bom, gosto muito de me exercitar – respondeu ele – e pretendo caminhar muito enquanto estiver por aqui, se o tempo estiver ameno. Eu estarei fora a cada manhã antes do café da manhã e darei várias voltas no Terraço. Frequentemente me vejo chegar até Trafalgar House.

– Mas você não considera uma caminhada até Trafalgar House de muito exercício?

– Não quanto à distância, mas a colina é tão íngreme! Subir aquela colina, no meio do dia, iria me deixar em tal suor! Você me veria banhado em suor quando eu chegasse por lá! Sou muito sujeito a transpiração, e não pode haver um sinal mais evidente de nervosismo.

Eles estavam avançando profundamente nas características físicas, quando Charlotte viu a entrada do criado com as coisas do chá como uma interrupção muito feliz. Aquilo produziu uma grande e imediata mudança. As atenções dos jovens tinham sido instantaneamente perdidas. Ele pegou seu próprio chocolate da bandeja, que parecia servida com quase tantos bules de chá quantas pessoas havia na mesa – a senhorita Parker bebia um tipo de chá de ervas, e a senhorita Diana, outro. Virando-se completamente para o fogo, ele se pôs a cozinhar para sua própria satisfação, torrando algumas fatias de pão ao fogo, as quais ele colocava, depois de assadas, na grelha de torradas, e, até que todas estivessem prontas, não se podia ouvir sua voz, a não ser com um murmúrio de algumas frases quebradas de autoaprovação e sucesso. Quando sua tarefa terminou, no entanto, ele moveu a cadeira para trás de um modo galante como sempre e provou que não tinha trabalhado apenas para si mesmo, por seu convite sincero para que ela tomasse o chocolate com as torradas. Ela já tinha sido servida com o chá, o que o surpreendeu, tão totalmente concentrado que estivera em si mesmo.

– Achei que teria terminado a tempo – disse ele –, mas o cacau demora muito tempo para ferver.

– Sou muito grata a você – respondeu Charlotte –, mas eu prefiro chá.

– Então eu vou me servir – disse ele. – Uma caneca grande de chocolate mais fraco todas as noites combina comigo melhor do que qualquer coisa.

Ela ficou chocada, no entanto, quando ele serviu seu chocolate bastante fraco, pois o que saiu dali foi um fluxo muito fino e escuro. Ao mesmo tempo, suas irmãs gritaram:

– Ai, Arthur, você tem preparado seu chocolate mais forte a cada noite.

A resposta um tanto consciente de Arthur de "Está bastante mais forte do que deveria ser esta noite" a convenceu de que Arthur talvez não gostasse tanto de ficar faminto como elas poderiam desejar ou como ele mesmo achava apropriado. Ele estava certamente muito feliz por virar a conversa para as torradas e não ouvir mais nada de suas irmãs.

– Espero que coma um pouco dessas torradas – disse ele. – Eu me considero um tostador muito bom. Nunca queimo minhas torradas, nunca as coloco muito perto do fogo no início. Mesmo assim, veja você, não há um canto que esteja além de dourado. Espero que goste de torradas secas.

– Com uma quantidade razoável de manteiga espalhada por cima, obrigada – disse Charlotte –, mas nunca de outra forma.

– Nem eu gostaria delas de outro modo – disse ele, extremamente satisfeito. –Pensamos muito parecidos. Longe de a torrada ser saudável; acho que é uma coisa muito ruim para o estômago. Sem um pouco de manteiga para amolecer, dói na barriga. Eu tenho certeza de que sim. Terei o prazer de espalhar manteiga em algumas para você agora, e depois vou preparar algumas para mim. Muito ruim mesmo para a cobertura das paredes do estômago, mas não há como convencer algumas pessoas. Isso irrita e age como um ralador de noz-moscada.

Ele não conseguia controlar a manteiga, no entanto, sem grande esforço. Suas irmãs o estavam acusando de comer muito e declarando que não poderiam confiar nele, enquanto ele afirmava que só comia o suficiente para proteger as paredes do estômago e que, além disso, ele só queria agora servir a senhorita Heywood. Tal fundamento deveria prevalecer. Ele pegou a manteiga e espalhou para ela com uma precisão de execução que pelo menos deleitou a si mesmo. Mas, quando a torrada dela estava pronta e ele pegou as dele com as mãos, Charlotte mal conseguia se conter quando o viu olhar para suas irmãs, enquanto escrupulosamente espalhava quase tanta manteiga quanto ele colocou na dela e, em seguida, aproveitando um segundo de distração delas, adicionou mais um pedaço inteiro, segundos antes de enfiar a torrada na boca. Certamente, os prazeres do senhor Arthur Parker com a invalidez eram muito diferentes do de suas irmãs: de forma alguma era tão espiritualizado.

Uma grande quantidade de mazelas terrestres pairava sobre ele. Charlotte não poderia deixar de suspeitar de que ele adotara aquele estilo de vida principalmente para conseguir a indulgência para o seu temperamento indolente, e estaria determinado a não ter distúrbios que não exigissem quartos aquecidos e boa alimentação. Em um particular, no entanto, ela logo descobriu que ele havia assimilado algo parecido delas.

– O quê? – disse ele. – Você se arrisca em duas xícaras de chá verde forte na mesma noite? Que nervos você deve ter! Como eu invejo você. Agora, se eu engolisse apenas uma dessas xícaras, qual você acha que seria o efeito sobre mim?

– Manteriam você acordado a noite toda – respondeu Charlotte, querendo derrubar as tentativas dele de surpreendê-la, pela grandeza de suas próprias concepções.

– Ah, se isso fosse tudo! – ele exclamou. – Não. Ele age em mim como veneno e tiraria totalmente os sentidos do meu lado direito antes de eu engoli-lo em cinco minutos. Parece quase incrível, mas já aconteceu comigo tantas vezes que não posso duvidar. A sensibilidade do meu lado direito é totalmente eliminada por várias horas!

– Parece um tanto estranho – respondeu Charlotte friamente –, mas me atrevo a dizer que poderia ser comprovada a coisa mais simples do mundo por aqueles que têm estudado cientificamente lados direitos e os efeitos do chá verde, e compreenderiam completamente todas as possibilidades de sua ação em conjunto.

Logo após o chá, uma carta foi trazida do hotel para a senhorita Diana Parker.

– Da senhora Charles Dupuis – disse ela –, correspondência privada. – E, depois de ler algumas linhas, exclamou em voz alta: – Bem, isso é muito extraordinário! Realmente extraordinário! Que ambas pudessem ter o mesmo nome. Duas senhoras Griffiths! Esta é uma carta de recomendação e apresentação para mim, da senhora de Camberwell, e o nome dela também é Griffiths.

Mais algumas linhas, no entanto, e a cor invadiu suas bochechas. Com muita perturbação, ela acrescentou:

– A coisa mais estranha que já existiu! Uma senhorita Lambe também! Uma jovem das Índias Ocidentais de grande fortuna. Mas não podem ser as mesmas. Impossível que sejam.

Ela leu a carta em voz alta para se consolar. Era apenas para apresentar ao portador a senhora Griffiths de Camberwell e as três jovens sob seus cuidados, para o conhecimento da senhorita Diana Parker. A senhora Griffiths, sendo uma estranha em Sanditon, estava ansiosa por uma apresentação respeitável; e a senhora Charles Dupuis, portanto, na instância de amiga intermediária, forneceu-lhe esta carta, sabendo que ela não poderia fazer à sua querida Diana uma gentileza maior do que lhe dar a oportunidade de mostrar-se útil.

– A principal solicitude da senhora Griffiths seria para com as acomodações e o conforto de uma das jovens sob seus cuidados, uma tal senhorita Lambe, uma jovem das Índias Ocidentais de grande fortuna e saúde delicada.

Foi muito estranho! Muito notável! Muito extraordinário! Mas eles todos concordaram em determinar ser impossível que não houvesse duas famílias. Um conjunto totalmente distinto de pessoas, como se notava nos registros de cada um, tornava essa questão bastante certa. Deve haver duas famílias. Impossível ser de outro modo. "Impossível" e "impossível" foram repetidos continuamente com grande fervor. Uma semelhança acidental de nomes e circunstâncias, por mais impressionante que fosse no início, não envolvia nada realmente incrível; e assim foi decidido.

A própria senhorita Diana obteve uma vantagem imediata para contrabalançar sua perplexidade. Ela teve de colocar o xale sobre os ombros e sair correndo de novo. Cansada como estava, ela precisava imediatamente se dirigir ao hotel para investigar a verdade e oferecer seus serviços.

Capítulo 11

Não daria certo. Nem tudo o que toda a família Parker poderia ter dito entre eles produziria uma catástrofe menos infeliz do que a família de Surrey e a família de Camberwell serem as mesmas pessoas. Os ricos das Índias Ocidentais e o seminário de moças entraram todos em Sanditon naquelas duas carruagens de aluguel. A senhora Griffiths que, por intermédio de sua amiga senhora Darling, tinha sinalizado que viria e foi designada para a jornada era a mesma senhora Griffiths cujos planos estavam no mesmo período (sob outra representação) perfeitamente decididos e cuja jornada não causava dúvidas ou dificuldades. Tudo o que tinha a aparência de incongruência nos relatórios dos dois poderia muito justamente ser creditado na conta da vaidade, da ignorância ou dos erros de muitos envolvidos na causa pela vigilância e cautela da senhorita Diana Parker.

Seus amigos íntimos deveriam ter sido oficiosos como ela; e o assunto havia fornecido cartas, extratos e mensagens suficientes para tudo parecer o que não era. A senhorita Diana provavelmente se sentiu um pouco estranha ao ser obrigada a admitir seu erro. Uma longa jornada de Hampshire tomada por nada, um irmão desapontado, uma casa cara em suas mãos por uma semana devem ter sido algumas de suas reflexões imediatas; e muito pior do que todo o resto deve ter sido a sensação de ser menos perspicaz e infalível do que ela mesma acreditava.

Nenhuma parte disso, entretanto, pareceu incomodá-la por muito tempo. Havia tantos envolvidos para compartilhar a vergonha e a culpa com ela que, provavelmente, quando ela dividisse as porções adequadas para a senhora Darling, a senhorita Capper, Fanny Noyce, a senhora Charles Dupuis e o vizinho da senhora Charles Dupuis, poderia ter sobrado apenas uma bagatela de reprovação remanescente para ela mesma. De qualquer forma, ela foi vista por toda a manhã seguinte caminhando à procura de hospedagem com a senhora Griffiths tão alerta quanto possível.

A senhora Griffiths era um tipo de mulher muito bem-comportada e gentil, que se sustentava recebendo ótimas meninas e jovens senhoras que queriam ou mestres para concluir seus estudos, ou uma casa para começar sua exibição ao público. Ela tinha várias outras sob seus cuidados além das três que agora estavam vindo para Sanditon, mas as outras todas estavam ausentes. Dessas três, e na verdade, de todas, a senhorita Lambe era sem comparação a mais importante e preciosa, pois ela pagava na proporção de sua fortuna. Ela tinha cerca de dezessete anos, pele quase negra, fria e carinhosa, tinha uma empregada própria, deveria ocupar o melhor quarto nas acomodações, e sempre era a primeira a ser considerada em todos os planos da senhora Griffiths. As outras garotas, duas senhoritas Beauforts, eram apenas umas jovens garotas que se poderia encontrar, pelo menos, em uma família em cada três em todo o reino. Elas tinham feições toleráveis, figuras vistosas, uma postura decidida e ereta e um olhar seguro; eram muito práticas e muito ignorantes e dividiam o seu tempo entre as atividades que poderiam atrair admiração e os trabalhos e expedientes de engenhosidade para os quais elas poderiam se vestir em um estilo muito além do que poderiam pagar. Elas eram sempre as primeiras a adotar cada mudança de coleção. E o objetivo de tudo era cativar algum homem de fortuna muito maior do que a delas.

A senhora Griffiths preferia um lugar pequeno e afastado como Sanditon por causa da senhorita Lambe. E as senhoritas Beauforts, embora naturalmente preferindo qualquer coisa menor e mais afastada, tendo, no decorrer da primavera, estado envolvidas nas despesas inevitáveis de seis vestidos novos cada para uma visita de três dias, foram constrangidas a ficar satisfeitas com Sanditon também, até que suas reservas fossem recuperadas. Lá, com o aluguel de uma harpa para uma e a compra de alguns papéis de desenho para a outra, e todos os adornos que já podiam combinar, desejavam ser muito econômicas, muito elegantes e muito isoladas – com a esperança, ao lado da senhorita Beaufort, de elogios e celebrações de todos os que caminhavam ao som de seu instrumento, e, ao lado da senhorita Letitia, pela curiosidade e êxtase de todos os que se aproximavam dela enquanto desenhava, e para ambas, o consolo das intenções de serem as garotas mais elegantes do lugar. A apresentação em particular da senhora Griffiths à senhorita Diana Parker garantiu-lhe imediatamente um conhecido da família em Trafalgar House e dos Denhams; e as senhoritas Beauforts logo ficaram satisfeitas com "o círculo em que se moviam em Sanditon", para usar uma frase apropriada, pois todos deviam agora "mover-se em círculos" cuja prevalência do movimento rotatório poderia ser atribuída à tontura e aos passos em falso dados por muitos.

Lady Denham tinha outros motivos para visitar a senhora Griffiths além da atenção com os Parkers. Na senhorita Lambe, aqui estava a senhorita muito jovem, doente e rica, a quem ela estivera sempre pedindo; e ela se aproximou para apresentá-la em favor de Sir Edward e para oferecer as suas mulas leiteiras. Como ela iria responder em relação ao baronete, faltava ainda a prova, mas, quanto aos animais, ela logo descobriu que todos os seus cálculos de lucro seriam em vão. A senhora Griffiths jamais iria permitir que a senhorita Lambe tivesse o menor sintoma de declínio ou qualquer queixa que o leite de mulas possivelmente pudesse aliviar. A senhorita Lambe estava "sob os cuidados constantes de um médico experiente", e suas prescrições deveriam ser seguidas como suas regras. E, exceto em favor de algumas pílulas tônicas, que uma prima dela tinha algum conhecimento em produzir, a senhora Griffiths nunca se desviava do tratamento estritamente medicinal.

A casa de esquina do Terraço era aquela em que a senhorita Diana Parker teve o prazer de acomodar suas novas amigas. E, considerando que comandava em frente ao salão preferido de todos os visitantes da Sanditon, e o que quer que estivesse acontecendo no hotel, não poderia haver um local mais favorável para a reclusão das senhoritas Beauforts. Consequentemente, muito antes de terem se adaptado ao instrumento ou ao papel de desenho, elas tinham – pela frequência de sua aparição no andar de cima com as janelas baixas, a fim de fechar as persianas, ou abrir as persianas, ou organizar um vaso de flores na varanda, ou olhar para o nada através de um telescópio – atraído muitos olhos ali para cima e faziam muitos contempladores olhar novamente.

Uma pequena novidade causa um grande efeito em um lugar tão pequeno. As senhoritas Beauforts, que não teriam sido nada em Brighton, não iriam se mudar para cá sem que fossem notadas. E mesmo o senhor Arthur Parker, embora pouco inclinado para esforços extraordinários, sempre deixava o Terraço no caminho para a casa de seu irmão passando por esta casa de esquina, para dar uma olhada nas senhoritas Beauforts, embora fosse meio quilômetro mais distante e acrescentasse dois degraus à subida da colina.

Capítulo 12

Charlotte ficou dez dias em Sanditon sem ver a Sanditon House. Cada tentativa de visitar Lady Denham tinha sido derrotada por outro encontro marcado com ela de antemão. Mas agora a visita seria empreendida de forma mais resoluta, em um horário mais cedo, para que nada pudesse ser negligenciado da atenção a Lady Denham ou da diversão para Charlotte.

– E, se você encontrar uma oportunidade favorável, meu amor – disse Parker, que não pretendia ir com elas –, acho melhor você mencionar a situação dos pobres Mullins e rogar à sua Senhoria por uma doação para eles. Não sou muito favorável a essas listas de assinaturas para caridade; em um lugar deste tipo, é uma espécie de imposto sobre tudo o que vem, mas, como sua aflição é muito grande e eu quase prometi à pobre mulher ontem que faria algo por ela, creio que devemos definir um auxílio em dinheiro e, portanto, quanto mais cedo, melhor. E o nome da Lady Denham no topo da lista será um começo muito necessário. Você se importa em falar com ela sobre isso, Mary?

– Eu farei o que você quiser – respondeu a esposa –, mas você faria isso muito melhor. Eu não saberia o que dizer.

– Minha querida Mary! – gritou ele. – É impossível que você esteja realmente perdida. Nada pode ser mais simples. Você só precisa declarar a situação atual da família aflita, a solicitação de ajuda sinceramente aplicada a mim, e meu desejo de promover uma pequena lista de contribuições para alívio deles, desde que corra sob a aprovação dela.

– A coisa mais fácil do mundo! – gritou a senhorita Diana Parker, que por acaso estava chamando por eles no momento.

– Tudo dito e feito em menos tempo do que você tinha falado. E, já que você está falando sobre listas de contribuições, Mary, agradeço-lhe por mencionar um caso muito melancólico a Lady Denham que foi representado para mim nos termos mais comoventes. Existe uma pobre mulher em Worcestershire em quem alguns amigos meus são extremamente interessados, e comprometo-me a recolher tudo o que puder por ela. Se você puder mencionar essas circunstâncias a Lady Denham... Ela pode ceder, se for devidamente atacada. E eu a considero o tipo de pessoa que, uma vez persuadida a abrir sua bolsa, prontamente daria dez guinéus como se fossem cinco. E, portanto, se você a encontrar com disposição para conceder, você pode também falar em favor de outra instituição de caridade pela qual eu e mais alguns temos muita consideração, o estabelecimento de um Depósito da Caridade em Burton, em Trent. Além disso, há a família do pobre homem que foi enforcado por último em York, embora tenhamos realmente levantado a quantia que queríamos para colocá-los todos em boa forma, mas, se você conseguir um guinéu dela em nome deles, seria ótimo.

– Minha querida Diana! – exclamou a senhora Parker. – Eu não conseguiria mencionar essas coisas para Lady Denham mais do que eu conseguiria voar.

– Onde está a dificuldade? Eu gostaria de poder ir com você. Mas em cinco minutos devo estar na casa da senhora Griffiths, para encorajar a senhorita Lambe a levá-la para seu primeiro mergulho. Ela está tão assustada, coitadinha, que prometi acompanhá-la e encorajar seus ânimos e ir para a máquina com ela, se ela desejasse. E, assim que isso terminar, devo correr para casa, pois Susan precisa de sanguessugas à uma hora, o que deverá durar umas três horas. Portanto, realmente não tenho um minuto a perder. Além disso, cá entre nós, eu também deveria estar na cama neste instante, pois dificilmente consigo me manter em pé. E, quando as sanguessugas fizerem efeito, ouso dizer, nós devemos ir para os nossos quartos pelo resto do dia.

– Lamento ouvir isso, de fato. Mas, se for este o caso, espero que Arthur possa vir até nós.

– Se Arthur for seguir meu conselho, irá para a cama também, pois, se ele ficar acordado, certamente comerá e beberá mais do que deveria. Mas você vê, Mary, como é impossível para mim ir com você à casa de Lady Denham.

– Pensando bem, Mary – disse o marido –, eu não vou incomodar você em falar sobre os Mullins. Vou aproveitar a oportunidade de ver Lady Denham eu mesmo.

Sei o quão pouco convém a você ser pressionada sobre esses assuntos, tendo mente relutante.

Com seu pedido retirado, sua irmã não poderia dizer mais nada em apoio a ela, o que era seu objetivo, pois sentia toda a sua impropriedade e toda a certeza de seus efeitos nocivos sobre sua própria reivindicação, o que seria melhor. A senhora Parker ficou satisfeita com esse livramento e saiu muito feliz com sua amiga e sua filhinha nessa caminhada para Sanditon House.

Era uma manhã fechada e nublada quando chegaram ao topo da colina e por algum tempo não conseguiram distinguir que tipo de carruagem era aquela que viram subir. Em diferentes momentos parecia ser qualquer coisa, de uma charrete a um fáeton, de um a quatro cavalos. E, assim que elas estavam chegando à conclusão de que seria um tandem, os olhos jovens da pequena Mary reconheceram o cocheiro, e ela gritou ansiosamente: "É o tio Sidney, mamãe! É verdade". E isso foi realmente comprovado.

O senhor Sidney Parker, conduzindo seu criado em uma carruagem muito organizada, logo estava diante delas, e todos eles pararam por alguns minutos. Os modos dos Parkers sempre foram carinhosos entre si, e foi muito amigável o encontro entre Sidney e sua cunhada, que foi gentilmente tomando como certo que ele estava a caminho de Trafalgar House. Isso ele negou, no entanto. Ele acabava de chegar de Eastbourne com a proposta de passar dois ou três dias, como poderia acontecer, em Sanditon, mas o hotel deveria ser o seu alojamento. Ele estava esperando a companhia de um ou dois amigos.

O resto foram indagações e observações comuns, com a gentileza da pequena Mary e uma reverência muito apropriada e uma apresentação bastante adequada por parte da senhorita Heywood quando foi apresentada a Sidney. E eles se separaram para se encontrarem novamente dentro de algumas horas.

Sidney Parker tinha cerca de vinte e sete ou vinte e oito anos, era muito bonito, com um ar decidido e de descontração, era elegante e tinha um semblante sempre animado. Essa aventura proporcionou uma discussão agradável por algum tempo. A senhora Parker considerou toda a alegria de seu marido com a ocasião e exultou com o crédito que a chegada de Sidney daria para o lugar.

A estrada para a Casa Sanditon era ampla, bonita e bem plantada entre os campos, levando, ao final de quinhentos metros, através dos segundos portões aos terrenos que, embora não fossem extensos, tinham toda a beleza e respeitabilidade que uma abundância de árvores muito finas poderia dar. Esses portões de entrada eram tanto em um canto do terreno ou padoque, tão perto de um de seus limites, que uma cerca externa estava inicialmente quase invadindo a estrada, até que uma volta aqui e uma curva ali os deixava a uma distância melhor. A cerca era um parque adequado e em excelentes condições, com agrupamentos de belos olmos ou fileiras de velhos espinheiros, seguindo sua linha em quase toda a extensão.

O quase deve ser explicado, pois havia espaços vazios nas paliçadas, e, em um desses espaços, Charlotte, assim que eles entraram no recinto, teve uma visão do brilho de algo branco e feminino no campo do outro lado. Foi algo que imediatamente trouxe a senhorita Brereton à sua mente. Subindo na paliçada, ela viu de fato e muito claramente, apesar da névoa, que a senhorita Brereton estava sentada não muito longe dela, ao pé da margem, que se inclinava para baixo do lado de fora da paliçada, e que um caminho estreito parecia contornar. A senhorita Brereton estava sentada, aparentemente com muita compostura, e Sir Edward Denham estava ao seu lado.

Eles estavam sentados tão perto um do outro e pareciam tão envolvidos em conversas gentis que Charlotte instantaneamente sentiu que não tinha nada para fazer, a não ser dar um passo para trás e não dizer uma palavra. A privacidade certamente era o objetivo dos dois. Aquilo poderia ser um golpe de forma bastante desfavorável em relação a Clara; mas a sua situação não deveria ser julgada com tanta severidade.

Ela ficou feliz em perceber que nada havia sido descoberto pela senhora Parker. Se Charlotte não fosse consideravelmente a mais alta das duas, as fitas brancas da senhorita Brereton poderiam não estar ao alcance de seus olhos mais observadores. Entre outros pontos de reflexão moralizante que a visão desse tête-à-tête produziu, Charlotte não pôde deixar de pensar na extrema dificuldade que os amantes secretos têm para encontrar um local adequado para as conversas roubadas. Aqui talvez eles se achassem perfeitamente seguros da observação alheia: o campo inteiro aberto diante deles, um barranco íngreme e paliçadas nunca percorridas pelos pés dos homens atrás deles, e uma grande espessura de densa atmosfera para ajudá-los também! Mesmo ali, ela os tinha visto. Eles foram muito descuidados.

A casa era grande e bonita. Dois criados apareceram para recebê-las, e tudo tinha um ar adequado de propriedade e ordem. Lady Denham se valorizava por seu estabelecimento liberal e tinha grande prazer na ordem e na importância de seu estilo de vida. Eles foram conduzidos à sala de estar, bem proporcional e bem mobilada, embora fosse uma mobília mais originalmente boa e extremamente bem conservada do que nova ou vistosa. E, como Lady Denham não estava lá, Charlotte teve tempo de olhar ao redor e ouvir, pela narração da senhora Parker, que o retrato de corpo inteiro de um cavalheiro majestoso, colocado sobre a lareira e que chamou sua atenção imediatamente, era a imagem de Sir Henry Denham; e que aquele entre muitas miniaturas em outra parte da sala, pouco conspícua, representava o senhor Hollis, pobre senhor Hollis! Era impossível não o sentir mal representado: ser obrigado a recuar em sua própria casa e ver o melhor lugar perto do fogo ser constantemente ocupado por Sir Harry Denham.

FIM

inacabado

Termine de escrever o livro inacabado de Jane Austen*

No início de 1817, Jane Austen começou a escrever uma história chamada "Sanditon". Ela só trabalhou no texto por sete semanas, pois a partir daí sua saúde se deteriorou de tal maneira, que ela teve de abandoná-lo. Jane morreu cerca de quatro meses depois, deixando o manuscrito inacabado para sua sobrinha, Anna Austen Lefroy. Há várias continuações do livro, uma tentativa inclusive da sobrinha Anna, que também não conseguiu terminá-lo. Pela importância histórica, pela grandeza da literatura, compartilhamos com você o texto de Jane Austen e o convidamos para escrever a continuação nas próximas páginas.